W0053367

WOLFGANG SCHÜLER

NOCH MAL DAVONGEKOMMEN

FÄLLE VOR GERICHT

DAS NEUE BERLIN

1. Kapitel

ALKOHOL, APPARTEMENT, ARZTHAFTUNG, AUSBILDUNGSFÖRDERUNG

EIN GLÄSCHEN IN EHREN

Matthias feierte seinen fünfzigsten Geburtstag. Dazu mietete er eine komplette Kneipe, lud seine besten Freunde sowie seine liebsten Verwandten ein, und los ging die Fete.

Eine Catering-Firma sorgte für das leibliche Wohl der Gäste. Sohn Martin schenkte Bier, Schnaps und Wein aus, später mixte er auch noch Cocktails wie »Cubra Libre« und »Planter's Punch«. Nach einer kurzen Rede zu Ehren des Jubilars spielte ein Gitarrenduo »Old Man« von Neil Young und ließ mehrere Titel von Simon & Garfunkel folgen. Um 21 Uhr begannen lustige Spiele: Während der Taschenpolka beispielsweise mussten sich die Mitwirkenden jeweils beim Musikstopp alte Nachthemden, Büstenhalter und Pumphosen überstreifen. Das Ergebnis wurde später auf einem Gruppenfoto festgehalten.

Um 22 Uhr eröffnete der Jubilar die Tanzfläche. Die Mittfünfziger ließen ihre morschen Knochen knacken, vergaßen Gicht und Stützstrümpfe und legten eine kesse Sohle aufs Parkett. Auch Achim. Als er wieder zur Uhr sah, zeigte der Zeiger auf zehn vor vier. Achim war von Beruf Bauunternehmer und mit dem eigenen Wagen zur Geburtstagsparty gekommen. Für den Fall der Fälle hatte er eine Reisetasche mit Pyjama und Kulturtasche im Kofferraum. Unabhängig davon war er beim Genuss der diversen alkoholischen Getränke sehr vorsichtig gewesen. Achim rechnete: Er hatte die ganze lange Nacht höchsten vier oder fünf Gläser Weißwein getrunken. Damit würde er auf etwa 0,5 bis 0,6 Promille kommen. Da der Körper aber pro Stunde Trinkzeit etwa 0,1-Promille abbaut, lag er auf jeden Fall unter der 0,5-Promille-Grenze.

Achim war rechtschaffen müde und wollte ins Bett. Weil es jedoch völlig ungewiss war, wie lange sich die Feier noch hinziehen würde, schlug der Bauunternehmer ein Übernachtungsangebot des Geburtstagskindes aus und setzte sich in seinen Wagen. Achim spürte zwar, dass er schlechter hörte, sich seine Sehleistung vermindert und die Konzentrationsfähigkeit nachgelassen hatte, aber bis zu ihm nach Hause war es nicht weit. In spätestens einer halben Stunde würde er in seinem Bett liegen.

Es klappte nicht ganz. An einer Schnellstraßenausfahrt geriet Achim in eine Verkehrskontrolle. Der Polizist roch die Alkoholfahne und ließ ihn pusten. Das Messgerät zeigte 0,26 mg/l an. »Da habe ich ja noch einmal Glück gehabt«, freute sich der leicht benebelte Autofahrer zu früh.

»Irrtum«, korrigierte ihn der Beamte. »Im Paragrafen 24 a steht: ›Ordnungswidrig handelt, wer im Straßenverkehr ein Kraftfahrzeug führt, obwohl er 0,25 mg/l oder mehr Alkohol in der Atemluft oder 0,5 Promille oder mehr Alkohol im Blut hat.‹ Sie haben den Grenzwert überschritten.«

Die Quittung folgte durch das Amtsgericht. Achim wurde zu einer Geldbuße in Höhe von 250 Euro verurteilt. Außerdem erhielt er ein Fahrverbot von einem Monat.

Der Bauunternehmer legte gegen das Urteil Rechtsbeschwerde ein. In der nächsten Instanz ließen die Richter Gnade walten: »Die getroffenen Feststellungen sind nicht ausreichend, um die vom Amtsgericht angenommene Schuldform der Fahrlässigkeit zu tragen. Dies gilt insbesondere im Hinblick darauf, dass der Betroffene geltend macht, dass er einen Koffer mit Übernachtungsutensilien bei sich geführt habe.«

Schließlich sagt schon das Sprichwort: »Die ganze Nacht gesoffen ist auch gewacht.«

DIE PARZEN SPANNEN IHRE FÄDEN

Meinrad war ein 49-jähriger, selbständiger Elektromeister. Er beschäftigte zwölf Angestellte, zwei Lehrlinge und eine Aushilfe. Die Auftragslage wurde von Jahr zu Jahr schlechter, aber es reichte immer noch für die wichtigsten Dinge im Leben. Dazu zählten der dunkelblaue Mercedes und ein bequemes Haus im Bungalow-Stil.

Meinrads Zukunft lag hinter ihm, so viel war ihm längst klar. Er freute sich auf ein Bierchen am Abend, ein Fußballspiel am Samstag und auf den Besuch der Enkel am Sonntag. Mit seiner Ehefrau Elvira hatte er einen Nichtangriffspakt geschlossen. Sein halbes Leben lang war er bereits mit dieser Frau zusammen, da kam es auf die restlichen paar Jahre auch nicht mehr an.

Doch dann, im Sommer, änderte sich alles von Grund auf. Das lag daran, dass Meinrad im nahegelegenen Einkaufszentrum seine Jugendliebe Carola wiedertraf. Beide erkannten sich auf den ersten Blick, Funken sprühten, und es knisterte. Im italienischen Eiscafé berichtete Carola über ihre Sehnsucht nach ihm, die zwei gescheiterte Ehen überdauert hatte.

In den nächsten Wochen musste Meinrad überraschend häufig auf Dienstreise fahren. Bei einer dieser wichtigen Besprechungen fragte ihn Carola: »Was hältst du davon, wenn wir uns in der Stadt eine Wohnung mieten würden? Das wäre sehr praktisch und auf Dauer auch viel billiger als die sündhaft teuren Hotelzimmer.«

In einer heruntergekommenen Vorortstraße, 20 Autominuten von Meinrads Grundstück entfernt, fand er das ideale Objekt: ein teilmöbliertes Appartement mit Essecke und Badezimmer für 357,90 Euro Miete im Monat. Der Einzug sollte am 1. Oktober sein. Bis dahin wollte der Vermieter Alfred alles komplett renovieren lassen. Meinrad unterschrieb beschwingt den Mietvertrag, dann fuhr er mit Carola ins nächste Einrichtungshaus.

Aber die Parzen spannen längst ihre Fäden. Elvira war brennend daran interessiert zu erfahren, welche geheimnisvolle Stimulanz denn wohl der Midlife-Krise ihres Gatten ein so jähes Ende bereitet hatte. Da sich vor einer Frau bekanntlich nur das geheim halten lässt, was sie sowieso nicht interessiert, fand sie bald heraus, was die Spannkraft in Meinrads Haar zurückgebracht hatte.

Es folgten einige äußerst unangenehme Gespräche. Der selbständige Elektromeister bereute danach bitter, dass er einst aus insolvenzrechtlichen Gründen seiner Angetrauten alles überschrieben hatte, was mehr als 30 Euro wert war. Sie saß eindeutig am längeren Hebel und zog erbarmungslos die Daumenschrauben fest.

Auf den wunderbaren Sommer folgte ein kühler Herbst. Meinrad trank in seiner Freizeit wieder Bier und schaute sich Fußballspiele im Fernsehen an. Eines Tages überlief es ihn siedend heiß. Er hatte das Appartement völlig vergessen. Schnell griff er zu Papier und Bleistift und kündigte den Mietvertrag fristlos aus wichtigem Anlass. Begründung: Schimmelbefall in der Wohnung.

Hausbesitzer Alfred zog vor den Kadi und klagte die Miete ein. Das Gericht gab ihm Recht: »Der Beklagte hat sich die Wohnung angesehen, bevor er den Mietvertrag abschloss. Eine fristlose Kündigung ist nur möglich, wenn ein Mietvertrag nachhaltig verletzt wird.« Das Mietverhältnis endete mit fristgerechter Kündigung Ende November. Bis dahin musste Meinrad Miete zahlen. Verloren hat er noch viel, viel mehr.

DER BLICK IN DIE RÖHRE

Auch die beste Krankheit taugt nichts. Meist ist sie nur der Preis für vergangenes Vergnügen. Simon, ein 38-jähriger Diplom-Ingenieur für Fahrzeugtechnik, begann eines Tages unter starken Nackenschmerzen zu leiden. Sein Hausarzt wusste nur schwachen Trost zu geben: »Sie arbeiten zu viel am Computer. Die unnatürliche Sitzhaltung, Sie verstehen. Machen Sie ein paar feuchte Umschläge. Dann wird die unangenehme körperliche Empfindung schon wieder vergehen. Oder auch nicht.«

Simon wollte sich nicht damit abfinden und ließ sich zum Radiologen Dr. Hunold überweisen. Der sagte: »Ich schlage eine MRT-Untersuchung in einem Magnetresonanztomographen vor. Danach wissen wir mehr.«

Der Patient wollte wissen: »Was ist dieses Magnetdingsbums für ein Apparat?«

Der Arzt erläuterte: »Knapp 15 Minuten lang werden einem äußeren Magnetfeld ausgesetzte Atomkerne – bei Einstrahlung elektromagnetischer Energie in geeigneter Wellenlänge – zur Energieaufnahme gebracht. Das führt zur Aussendung von Resonanzsignalen. Der Untersuchungstisch ist longitudinal und lateral beweglich. Der Vorteil besteht darin, dass dieses bildgebende Verfahren ohne ionisierende Strahlung auskommt. Aber das dürfte Ihnen als Ingenieur bestens bekannt sein.«

Simon nickte eifrig, obwohl er nicht die Bohne verstanden hatte, und fragte zaghaft nach: »Es ist also nicht gefährlich?«

»No Sir«, lautet die Antwort. »Es klopft nur ein wenig. Poch, poch. Sie können einen Gehörschutz tragen, wenn Sie wollen.«

»Nicht notwendig«, entgegnete der Diplom-Ingenieur. »Ich befasse mich mit Fahrzeugtechnik. Lärm ist sozusagen mein Beruf.« Mit diesen Worten verschwand er in der Röhre. Anschließend stellte er ein Brausen und Pfeifen in seinem Kopf fest, das nicht vergehen wollte. Die Diagnose lautete auf »Tinitus aurium«, zu gut Deutsch Ohrensausen, hervorgerufen durch eine sogenannte inadäquate Rezeptorenreizung.

Simon sprach mit Dr. Hunold: »Sie hätten mich auf das Risiko von Gehörschäden hinweisen müssen.«

Der Mediziner hob den Zeigefinger: »Nicht in diesem Ton, mein Herr! Der Apparat hat viel Geld gekostet. Da ist alles tutti-paletti. Wer weiß, wo Sie sich Ihr Gebimmel eingefangen haben. Bei mir jedenfalls nicht!«

Simon ging zum Anwalt und forderte 15 000 Euro Schmerzensgeld. Das Landgericht holte mehrere Sachverständigengutachten ein. Sie stellten übereinstimmend fest, dass der Schalldruck bei der konkreten Behandlung nur rund 85 Dezibel betragen hatte und keine Gehörschädigung bewirkt haben konnte.

Da nicht sein kann, was nicht sein darf, wurde die Klage abgewiesen. In der Begründung hieß es: »Wenn aufgrund der konkreten Untersuchungssituation die Gefahr einer Gehörschädigung nicht besteht, kann es auch keinen Behandlungsfehler darstellen, wenn objektiv nicht erforderliche Schutzmaßnahmen unterlassen werden.«

Simon bekommt nichts, denn schließlich sind Ärzte nur Menschen, die die lateinischen Begriffe für die Leiden ihrer Patienten kennen.

DER SICHERSTE UND DER TEUERSTE WEG

Ein Schreckgespenst geht um in Deutschland, und dieses Schreckgespenst heißt Hartz IV. Da ist von erheblichen Zuwendungseinbußen, von einem Monat leistungsfreier Zeit nach der Einführung und von der Pflicht zum Vermögensverzehr vor der Zuteilungsberechtigung die Rede. Doch so neu, wie das alles klingt, ist es in Wirklichkeit gar nicht. Große Bevölkerungsgruppen waren schon länger verpflichtet, ganz hart ans Eingemachte zu gehen, bevor Väterchen Staat nach seiner Brieftasche greift: Das waren die Sozialhilfe- und die BAföG-Empfänger.

Luitger war ein Student der Fachrichtung Elektro- und Informationstechnik. Ein Studium ist bekanntlich der sicherste – und der teuerste – Weg, festzustellen, dass man nichts weiß. Das fand auch die Behörde, und versagte Luitger ab dem dritten Semester die bis dahin gewährte Ausbildungsförderung. Begründung: Der muntere Studiosus sei, so habe eine Überprüfung ergeben, Eigentümer eines wertvollen Grundstücks. Das anrechenbare Vermögen übersteige bei weitem seinen monatlichen Gesamtbedarf in Höhe von 529,19 Euro. Erst wenn die Immobilie verkauft und der Erlös restlos verbraucht sei, würde wieder ein Rechtsanspruch auf BAföG entstehen.

Luitger reichte gegen den ablehnenden Bescheid Klage beim Verwaltungsgericht ein. Er schrieb: »Das Grundstück gehört zur Hälfte meinem Bruder Cornelius. Da es nicht geteilt ist, kann ich es ohne seine Genehmigung nicht verkaufen. Darüber hinaus hat meine Mutter einen Sperrvermerk ins Grundbuch eintragen lassen. Darin steht, dass jeder Erwerber zur Übertragung des an ihn veräußerten Miteigentumsanteils an meine Mutter verpflichtet ist, wenn ich über den Grundbesitz ohne ihre Zustimmung verfüge. Weder mein Bruder noch meine Mutter wollen, dass die Immobilie verkauft wird. Mir sind also vollständig die Hände gebunden.«

Das Gericht prüfte genauestens die Papiere und Unterlagen. Das Grundstück stammte ursprünglich von der Großmutter des Studenten und war ihm und seinem Bruder vor etlichen Jahren übertragen worden, als die beiden noch Kinder waren. Im Urteil hieß es dann: »Bei dem Miteigentumsanteil des Klägers liegt ein wirtschaftliches Verwertungshindernis vor. Denn

15

er kann seinen Grundstücksanteil weder belasten, noch über ihn verfügen, ohne hierzu die Zustimmung seiner Mutter zu haben. Der Kläger hat daher einen Anspruch auf Bewilligung von Ausbildungsförderung.«

Ende gut, alles gut? Vorläufig ja, aber das Gericht schob im Urteil noch einen Nachsatz hinterher: »Die Kammer versteht durchaus die Bedenken, dass sich die Fälle häufen, in denen durch geschickte Vertragsgestaltung Vermögensgegenstände vorübergehend dem Zugriff der Auszubildenden entzogen werden, um dadurch die Voraussetzung für eine staatliche Förderung zu schaffen. Zur Lösung dieses Problems bleibt der Gesetzgeber aufgerufen.«

Solche Anregungen nehmen die Damen und die Herren in den Ministerien, die die Gesetze verschlanken, vereinfachen und modernisieren, immer gerne entgegen. Freuen wir uns also auf weitere Gesetzesnovellierungen, und bis zu Hartz V und VI ist es sicherlich nicht mehr weit.

FACHCHINESISCH FÜR ANFÄNGER

Die menschliche Gesellschaft teilt sich bekanntlich nicht nur in unten und oben, in dumm und schlau, in arm und reich, sondern es gibt sehr viele Zwischenstufen. Täglich werden es mehr. Beispielsweise war vor einigen Jahren die bestandene Reifeprüfung noch der Freibrief für eine glückliche Zukunft. Abiturienten standen alle Türen offen. Sie konnten studieren und sich sicher sein, anschließend bestens bezahlte Jobs zu finden.

Heutzutage ist das eher die Ausnahme. Gute Studienplätze sind rar, und nach dem erfolgreichen Abschluss wartet auf viele Akademiker keine hochdotierte Stelle, sondern die Arbeitslosigkeit. Diese trüben Aussichten für Abiturienten haben gravierende Folgen für Schüler mit dem Abschluss der Zehnten Klasse, denn sie werden von den Gymnasiasten verdrängt. Bei dem akuten

Lehrstellenmangel nehmen viele Ausbildungsfirmen nur noch Abiturienten an, obwohl vom Anforderungsprofil her ein Hauptschulabschluss ausreichen würde.

Für Kathrin gab es dieses Problem glücklicherweise nicht. Sie hatte Abitur und war klug genug, nicht Jura, Germanistik oder vergleichende Religionswissenschaften studieren zu wollen. Kathrin entschied sich stattdessen für einen Studiengang mit relativ guten Berufsaussichten: Sie ließ sich an einer Fachhochschule für öffentliche Verwaltung einschreiben und begann eine Ausbildung im sogenannten gehobenen nichttechnischen Verwaltungsdienst. Alles lief prima, nur im Fach Rechtskunde gab es Schwierigkeiten. Kathrin gab sich allergrößte Mühe, büffelte von morgens bis abends, aber die gehaltvolle Sprache des gehobenen nichttechnischen Bürokraten-Deutschs wollte sich ihr beim besten Willen nicht erschließen.

Kathrin studierte vier Semester mit Ach und Krach, dann fiel sie durch die Zwischenprüfung und diverse Wiederholungen derselben. Aus war der Traum von der sorgenfreien Beamtenkarriere. Die Studentin wurde zwangsexmatrikuliert. Aber jede Niederlage ist auch eine Chance, dachte sich Kathrin, nahm ein Studium an einer Betriebswirtschaftsschule auf und stellte einen Antrag auf Bewilligung von Ausbildungsförderung.

Obwohl sie bedürftig war und auch ansonsten sämtliche Kriterien erfüllte, wurde ihr Gesuch abgelehnt. Begründung: »Bei Auszubildenden an Höheren Fachschulen wird nach Beginn des vierten Fachsemesters Ausbildungsförderung für eine andere Ausbildung nur geleistet, wenn die Fachrichtung aus einem unabweisbaren Grund gewechselt wurde.«

Kathrin legte gegen diesen Bescheid zuerst Widerspruch und dann Klage ein: »Bei mir lag ein unabweisbarer Grund vor. Ich wurde zwangsexmatrikuliert. Deshalb musste ich die Fachrichtung wechseln.«

Doch sie hatte keinen Erfolg beim Verwaltungsgericht. Im Urteil hieß es zur Begründung: »Der Wechsel von einer Ausbildung in die andere setzt begrifflich voraus, dass die Ausbildung in der bisherigen Ausbildung noch nicht beendet ist, was aber mit dem endgültigen Scheitern in der Zwischenprüfung förderungsrechtlich der Fall gewesen war.«

Spätestens zu diesem Zeitpunkt begriff Kathrin überdeutlich, dass sie für ein Studium »gehobener Verwaltungsdienst« tatsächlich völlig ungeeignet gewesen war. Im Bereich »Fachchinesisch für Anfänger« konnte sie noch nicht einmal den Sinn der einfachsten Formulierungen verstehen.

2. Kapitel

AUTOKAUF, AUTOREPARATUR, BANKÜBERFALL

HANS IM GLÜCK UND DAS SUPERSCHNÄPPCHEN

Die Amerikaner sind den Europäern bekanntlich in allem einige Jahre voraus. Der Publizist und Gesellschaftskritiker Vance Packard (1914–1996) entdeckte beispielsweise schon vor einem guten halben Jahrhundert, dass »Werbung die Kunst ist, auf den Kopf zu zielen und den Geldbeutel zu treffen.«

Den Wahrheitsgehalt dieser Worte konnte der Drogist Piet am eigenen Leibe verspüren, nachdem er beim Surfen im Internet auf die verlockende Anzeige eines Autohauses für einen gebrauchten Pkw der mobilen Mittelklasse gestoßen war. Es schien sich um ein Superschnäppchen zu handeln: wenige Kilometer Laufleistung, erste Hand, Vollausstattung, checkheftgepflegt, unfallfrei und ein Preis, der weit unter dem von vergleichbaren Angeboten lag. Piet rief an, vereinbarte einen Besichtigungstermin und fuhr mit dem Bus in die Stadt zum Autohaus Brausewind. Draußen vor der Tür stand das Prachtstück. Es war Liebe auf den ersten Blick. Der Lack glänzte wie neu, der Motorraum blitzte, die staubfreien Polster dufteten nach einer Blumenwiese, und nirgendwo fanden sich irgendwelche Gebrauchsspuren. Piet unterschrieb den Kaufvertrag, bezahlte mit seiner Kreditkarte und fuhr stolz wie ein Spanier mit seiner Neuerwerbung nach Hause.

Drei Wochen lang fühlte sich der Drogist wie Hans im Glück und sonnte sich in den neidischen Blicken seiner Nachbarn. Dann platzte an den Türen die Farbe ab und Roststellen kamen zum Vorschein. Piet brachte den Wagen in die nächste Reparaturwerkstatt zur Begutachtung. Der Meister hatte schlechte Nachrichten für den nervösen Eigentümer: »Die tatsächliche Laufleistung liegt rund 100 000 Kilometer über dem Tachostand. Außerdem hatte das Fahrzeug einen Unfall. Die Schäden sind entweder mangelhaft oder gar nicht repariert worden. Die neue Lackierung wurde nicht fachgerecht ausgeführt. Die Bremsen sowie die Wasserpumpe sind Schrott, und die Klimaanlage wird in Kürze ihren Geist aufgeben.«

»Was soll ich nun machen?«, fragte Piet entgeistert.

»Verkaufen Sie die Karre so schnell wie möglich. Die notwendigen Reparaturen würden Sie ein Vermögen kosten.«

Der Drogist tat, wie ihm geheißen. Sein Verlust belief sich auf 5 000 Euro. In dieser Höhe verklagte er das Autohaus auf Schadensersatz.

Der Inhaber des Autohaus Brausewind verteidigte sich mit dem fadenscheinigen Argument, er sei überhaupt nicht Vertragspartei gewesen. Er habe den Wagen im Auftrag eines Kunden veräußert. Der Kläger müsse sich deshalb an den privaten Verkäufer halten.

Piet entgegnete: »Die Anzeige stammte vom Autohaus Brausewind. Den Vertrag habe ich im Dunkeln auf dem Wagendach unterschrieben, ohne ihn lesen zu können.«

Das Gericht befragte mehrere Zeugen. Es stellte sich heraus, dass der Drogist den Vertrag am hellichten Tag im Büro vom Autohaus unterzeichnet hatte. In diesem Sinne fiel dann auch das Urteil aus: »Es gilt der eindeutige Wortlaut des schriftlichen Kaufvertrages, nach dem der Verkäufer der Privatmann Henrik war. Der Kläger muss sich an Herrn Henrik halten. Die Klage gegen das Autohaus Brausewind wird abgewiesen.«

Piet fühlte sich zum zweiten Mal wie Hans im Glück. Nur trug er diesmal nicht den Klumpen Gold, sondern den schweren Mühlstein im Gepäck. Und wenn Piet nicht gestorben ist, dann prozessiert er heute noch.

DER KLEINE MECHANIKER

Daniel war 22 Jahre alt und von Beruf Sohn. Seine Eltern sorgten gut für ihn. Manchmal zu gut – meinten sie.

Viel zu schlecht – fand das erwachsene Kind. Zum Geburtstag hatte der Filius von seinen Erzeugern einen gebrauchten Pkw der oberen Mittelklasse geschenkt bekommen, von dem viele hart arbeitende Menschen nur träumen konnten. Doch es war der falsche Wagen. Weshalb? Nun, es handelte sich um einen lahmen Diesel mit lächerlichen 140 PS. Ein sogenanntes Opa-Auto also, ohne jede Spurtfreudigkeit.

Daniels Freund Ben wusste Rat: »Wir tauschen den Chip aus, oder wie das Ding heißt, wechseln die Kopfdichtung, stellen die Einspritzpumpe neu ein und tunen die Karre so richtig auf.« Gesagt, getan. Die beiden nahmen die Anleitung »Der kleine Automechaniker« zur Hand und griffen umgehend zu Hammer und Meißel. Drei Stunden später lag die elterliche Garage voller Teile mit lustigen Namen wie Hosenrohr, Einlasskrümmer und MAP-Sensor.

»Wo kommt der Chip nun hin?«, fragte Daniel. Ben runzelte die Stirn. »Ich weiß nicht. Vielleicht hat ein Diesel gar keinen Chip?«

Der Zusammenbau zog sich über drei Tage hin, und am Ende blieben immer noch einige Teile übrig. »Wir schaffen den Schrotthaufen in eine Werkstatt. Sollen die sich doch damit rumärgern«, schlug Ben vor.

Gesagt, getan. »Wir haben Ihnen schon ein bisschen Arbeit abgenommen, Meister«, meinte Daniel nassforsch zum Mechaniker Rüdiger, nachdem er ihm mit Bens Hilfe den Pkw auf den Hof geschoben hatte.

Als Daniel dann Ende August sein Auto abholen wollte, wurde ihm die Rechnung präsentiert. Er sollte 3 077,66 Euro bezahlen. Daniel schnappte wie ein Karpfen nach Luft. »1 000 Öre hätte ich gleich. Den Rest bringe ich nächste Woche. Okay?«

Aus der Woche wurden Monate, aus den Monaten ein Jahr. Werkstattmeister Rüdiger sah seinen säumigen Kunden Daniel erst im Gerichtssaal wieder. »Euer Ehren«, log dieser dreist, »wir hatten ein Kostenlimit von 2 000 Euro ausgemacht, da ich den Motor bereits teilzerlegt anlieferte. Die restlichen 1 000 Euro wurden von mir im September bezahlt, wie vereinbart. Dummerweise habe ich die Quittung verloren. Aber mein Freund Ben war dabei. Er kann alles bezeugen.«

Ben sagte aus: »Stimmt genau. Daniel hat gesagt, mehr als 2 000 Scheine darf es nicht kosten. Als wir den Wagen abholten, hat er 1 000 bezahlt, und später noch mal 1 000 Euro. Bei der zweiten Übergabe im September stand ich etwa zwei Meter entfernt und sah, dass der Geldbetrag aus größeren Scheinen bestand.«

Das weise Gericht urteilte wie folgt: »Für den Abschluss einer Pauschalvergütungsvereinbarung ist der Beklagte beweisbelastet. Der einseitigen Äußerung des Beklagten ist eine solche Vereinbarung nicht zu entnehmen. Eine Vereinbarung setzt voraus, dass mindestens zwei übereinstimmende Willenserklärungen desselben Erklärungsinhaltes abgegeben worden sind. Der Beklagte muss noch weitere 1 077,66 Euro bezahlen.

Darüber hinaus aber ist der Anspruch des Klägers erloschen. Die Aussage des Zeugen Ben ist glaubhaft. Das Gericht hat keinen erkennbaren Anhaltspunkt, den Zeugen für unglaubwürdig zu halten.«

Schon Winston Churchill hatte gewusst: »Eine Lüge ist nur eine terminologische Ungenauigkeit.«

FLUCHTWAGEN TAXI

Taxifahrer Bernd saß in seiner Droschke, blätterte gelangweilt in einer Illustrierten und wartete auf Kundschaft. Die hintere Wagentür öffnete sich. Der Chauffeur blickte in den Rückspiegel. Eine Dame mittleren Alters stieg ein. Sie trug einen hellgrauen Regenmantel und ein dazu passendes Kopftuch. Ihr Parfüm war leicht und unaufdringlich. »Ich möchte in die Talstraße zur ABC-Bank«, gab die Frau als Fahrtziel an. »Es wäre nett, wenn sie vor der Filiale auf mich warten würden. Es dauert nur ein paar Minuten.«

»Een Pfund als Anzahlung, und ich warte auf Ihnen solange'se wollen«, entgegnete Bernd und startete den Motor.

Wenig später und einige Kilometer entfernt sah die Bankangestellte Monika zum wiederholten Male auf die große Wanduhr vom ABC-Kreditinstitut. Monikas Lunge fiepte unerbittlich, doch die nächste Zigarettenpause lag in weiter Ferne. Als die Kassiererin wieder nach vorn schaute, stand vor ihr eine Kundin im grauen Regenmantel mit passendem Kopftuch.

»Das ist ein Überfall. Ich halte eine Waffe auf Sie gerichtet. Eine falsche Bewegung, und ich drücke ab«, zischte die Frau. »Da, nehmen Sie die Plastiktüte. Dort passt eine Menge Kohle rein.«

Monika wusste, dass in diesem Moment Heldenmut völlig fehl am Platze war. Aber es gab technische Schwierigkeiten: »Im Moment kann ich Ihnen nur ein paar Scheine aus dem Fach hier oben geben. Die Kasse ist nämlich an ein elektronisches Zeitschloss gekoppelt. Ich muss einen Code eingeben, und dann dauert es noch eine ganze Weile, ehe sie sich öffnen lässt.«

Die Bankräuberin wollte nicht so lange warten. Sie griff sich den spärlich gefüllten Beutel, schritt zur Tür hinaus und stieg in den Fluchtwagen – ein wartendes Taxi.

Als sechs Wochen später dieselbe Dame im grauen Regenmantel der Bankangestellten Monika erneut eine Plastiktüte zuschob, fühlte sich die Kassiererin einem Herzanfall sehr nahe. Diesmal war die Ansprache freundlicher: »Wir kennen uns. Heute habe ich etwas mehr Zeit mitgebracht. Also geben Sie schon ihren Code ein, damit wir weiterkommen.« Dann ging die

Frau im grauen Mantel, diesmal mit einem prallgefüllten Säckel.

Die Polizei fahndete fieberhaft nach der zweifachen Bankräuberin, die insgesamt 13 000 Euro erbeutet hatte. Aber obwohl die Überwachungskamera sehr gute Bilder der unmaskierten Frau lieferte, gelang es nicht, sie zu identifizieren. Auch Taxifahrer Bernd, der sie zweimal befördert hatte, konnte nur wenig Substantielles beitragen: »Jut jerochen hat se, und det Trinkjeld hat och jestimmt.«

Doch dann beging die Bankräuberin Bianca – so hieß die Dame im grauen Regenmantel – einen entscheidenden Fehler: Sie versuchte, ihren Ehemann Holger zu vergiften. Der überlebte den Mordanschlag und verpfiff seine Gattin bei der Polizei. Bianca legte ein Geständnis ab: »Mein Mann hat mich erst dazu überredet und dann das ganze Geld genommen.«

Doch obwohl Holger vom Vorwurf der Anstiftung freigesprochen wurde, sah es das Gericht als erwiesen an, dass die Ehe eine wesentliche Ursache für Biancas Verhalten gewesen war. Sie kam deshalb mit einem blauen Auge davon und wurde zu 15 Monaten Haft auf Bewährung verurteilt.

Bianca hätte Bertolt Brecht lesen sollen. Der hatte geschrieben, dass Bankraub eine Initiative von Dilettanten sei. Wahre Profis gründen eine Bank.

KAY AUS DER KISTE

Ein Beruf ist ein Zeitvertreib, für den viel zu wenig Geld bezahlt wird. Aber in den Zeiten hoher Arbeitslosigkeit darf man nicht zu wählerisch sein. Jeder nimmt, was er kriegen kann. Außerdem hat ein Beruf in den seltensten Fällen etwas mit Berufung zu tun. Kay, einem 35-jährigen Mann ohne engere familiäre Bindungen, ging es ähnlich. Als Kind wollte er Lokomotivführer, Volkspolizist oder Kosmonaut werden. Aber er hatte Pech: Dampflokomotiven fahren schon lange nicht mehr, die Volkspolizei wurde abgeschafft und Sigmund Jähn war eindeutig vor ihm im All.

Kay entschied sich deshalb für eine völlig andere Tätigkeit, obwohl er für sie nicht besonders gut geeignet war. Kay hatte nämlich Defizite, was das räumliche Sehen betraf, und litt unter einem neurotischen Konfliktstau in Stresssituationen. Trotzdem wurde er Bankräuber.

Natürlich machte er auch Fehler, was für einen Berufsanfänger normal ist. Aber in seinem Fall gab es keine Abmahnungen, sondern die Berufsaufsichtsbehörde – also die Kriminalpolizei – griff erbarmungslos durch. Kaum kam Kay aus der Kiste, schon saß er wieder drin. Im Laufe seines intensiven Arbeitslebens kassierte er Verurteilungen für zehn bewaffnete Raubüberfälle.

An einem Tag im Mai – Kay befand sich seit einigen Wochen wieder auf freiem Fuß – wurde die ABC-Bank überfallen. Zwei männliche Personen in blauen Overalls, mit Skimasken verkleidet und mit Turnschuhen an den Füßen, stürmten hinein. Der eine Gangster nahm eine Pumpgun aus der Reisetasche, ballerte ein Loch in die Decke und schrie »Überfall«. Dann kassierte er ab, während sein Komplize die Tür sicherte. 20 Minuten später wiederholte sich der gleiche Vorfall in der XYZ-Bank.

Als Kriminalhauptkommissar Helmbrecht davon erfuhr, besichtigte er den Tatort, befragte einige Zeugen und stattete anschließend seinem alten Duz-Bruder Kay einen Besuch ab. In der Einraumwohnung fanden sich unter den Dielen 16585 Euro. Außerdem beschlagnahmte die Polizei ein Paar weißer Turnschuhe. Ein Spurenvergleich ergab: Das Profil passte exakt zu einem Abdruck in der Schalterhalle der ABC-Bank.

Kay kam vor Gericht. Er leugnete beharrlich seine Beteiligung an den Überfällen. Er hätte an einer Magen-Darm-Grippe gelitten und sei bettlägerig gewesen. Das Geld habe er sich durch Gelegenheitsjobs als Kellner verdient und dummerweise vergessen, den Verdienst dem Finanzamt zu melden. Kriminalhauptkommissar Helmbrecht könne bezeugen, dass er, Kay, als Bankräuber immer allein und nie zusammen mit einem Mittäter arbeiten würde. Die Schuhe habe er just am Tag der Überfälle von einem Freund, dessen Namen er nicht wisse, geschenkt bekommen. Tatsächlich ergab eine DNA-Analyse, dass die Schuhe von anderen Personen getragen worden waren.

Doch das Gericht ließ sich davon nicht beeindrucken: »Dass die beiden an den Schuhen gefundenen DNA-Spuren nicht vom Angeklagten stammen, hat die Strafkammer gesehen. Diese wurde im Rahmen der Beweiswürdigung als entlastendes Indiz berücksichtigt. Die Spuren schließen – was die Kammer aufgrund sachverständiger Beratung rechtsfehlerfrei festgestellt hat – nicht aus, dass der Angeklagte diese Schuhe bei den Überfällen getragen hat, ohne dabei eigene Spuren zu hinterlassen.«

Kay wurde wegen schwerer räuberischer Erpressung in zwei Fällen zu einer Gesamtfreiheitsstrafe von elf Jahren verurteilt. Das ist schlimm. Nach solch einer langen Zwangspause wird er sich wohl nach einem neuen Beruf umsehen müssen.

MIT SCHWEREM GERÄT

Es geschah an einem Tag im März in einer kleinen Gemeinde: In den frühen Morgenstunden fuhr ein 7,5-Tonner der Marke MAN rückwärts in den Foyervorbau der ortsansässigen Bank und zerstörte ihn fast vollständig. Ein maskierter Mann im Arbeitsanzug hastete zu dem freistehenden Geldautomaten, legte ein Stahlseil darum und gab ein Handzeichen. Der Lkw ruckte an, riss den 600 Kilogramm schweren Geldautomaten aus seiner Verankerung und zog ihn ein Stück die Straße entlang. Die Funken stoben. Nun kam von hinten ein weißer VW Golf angefahren und schob den Geldautomaten auf die heruntergelassene Hubbühne des 7,5-Tonners. Die Ladebordwand klappte nach oben. Der Geldautomat krachte in den Frachtraum. Mit quietschenden Reifen jagten die beiden Fahrzeuge davon.

Der Überfall hatte nur wenige Minuten gedauert. Die Beute der Bankräuber betrug rund 170 000 Euro, der Sachschaden fast noch einmal so viel. Hinweise auf mögliche Täter gab es keine. Der Lkw wurde drei Wochen später in einer Kiefernschonung gefunden. Die Bankräuber hatten das Fahrzeug mit einem Feuerlöscher ausgesprüht, um Spuren zu vernichten.

Das Geldinstitut musste einige Tage geschlossen bleiben, bis der Eingangsbereich notdürftig hergerichtet war. Der komplette Um- und Ausbau dauerte einige Wochen. Nachdem er vollendet war, wurde ein neuer Geldautomat aufgestellt. Die Kunden hatten nicht lange Freude an dem Gerät. Knapp anderthalb Monate nach dem ersten Überfall wiederholte sich in einer Nacht im April dieses Szenario: Ein Lkw rammte den Eingangsbereich der Bankfiliale, ein maskierter Täter legte ein Stahlseil um den Geldautomaten. Der Laster fuhr an und riss den Automaten aus seiner Verankerung. Er wurde auf die Ladefläche gehievt und die Panzerknacker entkamen unerkannt. Diesmal betrug die Beute 132 000 Euro.

Ähnliche Banküberfälle hatte es auch in anderen Orten in der Nähe gegeben. Die Täter waren immer nach dem gleichen Schema vorgegangen. Den Gerüchten nach handelte es sich um eine rumänische Bande, deren Mitglieder einreisten, zuschlugen und sofort mit der Beute wieder verschwanden. Mittelsmänner in Deutschland würden zuvor die geeigneten Orte auskundschaften und die Verbrecher mit den nötigen Informationen versorgen.

Die Kriminalpolizei ermittelte jedoch auch in anderer Richtung. Beim ersten Überfall waren sowohl der VW Golf als auch der Lkw wenige Minuten vor dem Einbruch gestohlen wurden. Eine Auswertung des Fahrtenschreibers ergab, dass der Laster nach der Tat etwas über einen Kilometer weit fuhr, an einem unbekannten Ort für eine Weile stand und dann noch knapp fünf Kilometer weit bis in die Kiefernschonung gebracht wurde.

Die Schlussfolgerungen daraus lagen klar auf der Hand: Die Täter hatten den Lkw an einem sicheren Ort entladen und dort mit schwerem Werkzeug den Geldautomaten geöffnet. Dieser Ort lag nicht weiter als ein Kilometer vom Bankgebäude entfernt.

Die Kriminalpolizei erstellte anhand der Aufnahmen der Überwachungskameras und der bislang gewonnenen Erkenntnisse ein Täterprofil: männlich, Ende dreißig, technischer Sachverstand, handwerklich begabt, Erfahrungen im Führen von Spezialfahrzeugen, hohe Risikobereitschaft, absolute Skrupellosigkeit und Missachtung materieller Werte.

Bei der Durchsicht alter Unterlagen kam ein Name zutage, bei dem es einige Übereinstimmungen mit dem Täterprofil gab: Thomas S., 37 Jahre alt, mehrfach vorbestraft. Zuletzt war er sieben Jahre lang in Haft gewesen. Er hatte zusammen mit mehreren Komplizen einen Tresor aus einem Bürogebäude entwendet, und zwar auf ähnliche Weise wie bei den Banküberfällen:

Mit einem gestohlenen Lkw war er rückwärts durch die Wand des Gebäudes gefahren, hatte den tonnenschweren Geldschrank aus der Verankerung gerissen und war mit diesem im Schlepptau davongefahren.

Weitere Ermittlungen ergaben, dass Thomas S. eine stillgelegte Werkhalle angemietet hatte, die gut einen Kilometer vom Bankgebäude entfernt lag – und dass er offensichtlich über Geld verfügte, weil wenige Tage nach dem ersten Überfall auf das Geldinstitut ein S-Klasse Mercedes auf seinen Namen zugelassen worden war.

Die Polizei erwirkte einen richterlichen Beschluss zur Telefonüberwachung. Bereits nach wenigen Tagen konnten die beiden anderen mutmaßlichen Komplizen identifiziert werden: Mike T. und Heino U. Beide waren ebenfalls mehrfach vorbestraft.

Am Telefon besprachen sie den nächsten Coup. In der Nacht vor Pfingsten wollten sie eine Kleinstadt-Bank nach dem bekannten Muster überfallen. Doch diesmal wurden sie bereits von der Polizei erwartet: Als Mike T. mit dem Stahlseil in der Hand auf den Bankvorraum zuging, flammten die Scheinwerfer auf. Nach einer kurzen Verfolgungsjagd konnten die drei Täter gestellt werden.

In der Gerichtsverhandlung erhielt Thomas S. als der Hauptträdelsführer eine Freiheitsstrafe von sieben Jahren und sechs Monaten. Mike T. wurde zu fünf Jahren und sechs Monaten, Heino U. zu drei Jahren und sechs Monaten verurteilt.

Die Gerechtigkeit hatte gesiegt. Für den Schock, den die Bank-Mitarbeiter erleiden mussten, als zweimal hintereinander ihre Filiale brutal zerstört wurde, gab es allerdings keinen Ausgleich. Der angerichtete Sachschaden überstieg den Wert der Beute um ein Vielfaches. Von den Tätern ist keine Puseratze zu erwarten. Und Thomas S., der Berufsverbrecher, der die meiste Zeit seine Lebens hinter Gittern verbracht hat, erhielt doch noch eine Chance: Das Gericht lehnte die von der Staatsanwaltschaft für ihn nach der Verbüßung seiner Haftstrafe beantragte Sicherheitsverwahrung ab.

3. Kapitel

BENZINKLAUSEL, BESCHLAGNAHME, BESTATTUNGSKOSTEN, CAMPINGPLATZ, COMPUTER

DER FEHLENDE INNERE ZUSAMMENHANG

Es gibt begnadete Menschen, die immer nur Erfolg haben, denen alles glücklich von der Hand geht. Sie sehen gut aus, tragen teure Klamotten und haben die Taschen voller Geld. Andere Leute wiederum werden vom Pech verfolgt. Bei ihnen jagt eine Katastrophe die nächste. Zum Beispiel die unglückselige Hausfrau: Während sie bügelt, läuft die Waschmaschine aus. Kaum wischt sie das Wasser auf, ziehen schwarze Qualmwolken vom angesengten Bügelbrett aus der Küche ins Bad. Und wenn sie in Panik das Fenster aufstößt, sieht sie den angetrunkenen Ehemann mit ihrer besten Freundin im Arm über die Straße wanken.

Für die Museumsangestellte Marga war ein Mittwoch im April solch ein Unglückstag. Nach dem Duschen verhedderte sie sich im Plastikvorhang, rutschte aus und knallte mit dem Hinterkopf gegen die Kloschüssel. Ihr wuchs sofort eine veritable Beule, das weiße Porzellan blieb zum Glück unbeschädigt. Heulend rannte sie in die Küche. Dort saß die 14-jährige Tochter Alma und maulte, weil die Crispy-Pops alle waren. Dann sprang der Wagen nicht an. Marga spürte, wie Hitzewallungen und Schmerzwellen ihren Köper durchfluteten. Die Zeit drängte. Die Tochter musste zur Schule gebracht werden. In ihrer Not borgte sich Marga von ihrer Cousine Sarah das Auto, eine Art motorisierter Schuhkarton. Das krass geschminkte Kind stieg nur äußerst widerwillig ein.

Drei Ecken weiter stoppte Marga, um sich rasch Geld aus dem Bankautomaten zu ziehen. Alma langweilte sich und griff mürrisch nach dem im Zündschloss steckenden Schlüssel, weil sie Radio hören wollte. Dummerweise drehte der genervte Teenager etwas zu weit und betätigte dadurch die Zündung. Der Motor sprang an. Das wäre an sich kein Problem gewesen, wenn nicht der Vorwärtsgang eingelegt gewesen wäre.

Wie von Geisterhand bewegt, setzte sich der japanische Straßenfloh in Bewegung. Ein Rentner aus Limbach-Oberfrohna benutzte diesen taktisch ungünstigen Moment zu einem unüberlegten Ausparkmanöver. Asiatische Plaste knirschte dissonant auf deutschem Blech. Der Schaden betrug 8 295,11 Euro.

Die Kfz-Haftpflichtversicherung von Cousine Sarah beglich den Schaden anstandslos, verlangte das Geld aber von Alma, der Tochter, zurück. Marga wandte sich an ihre Privathaftpflichtversicherung und bat um Deckungsschutz. Die Assekuranz lehnte dies unter Hinweis auf die sogenannte kleine Benzinklausel ab. Danach ist der Führer eines Kraftfahrzeugs wegen Schäden, die durch den Gebrauch des Fahrzeugs entstehen, nicht versichert.

Die Sache kam vor Gericht. Die Richter verwiesen darauf, dass nach der sogenannten großen Benzinklausel sämtliche Risiken im Zusammenhang mit einem Kraftfahrzeug ausgeschlossen gewesen waren. Diese Klausel habe jedoch keine Gültigkeit mehr. Die nunmehr geltende kleine Benzinklausel verwende extra den Begriff »Führer eines Kraftfahrzeugs«. »Vorliegend fehlt es an einem Gebrauch des Pkws durch die Tochter als dessen Führerin. Die bloße Nutzung der Batterie als Energiequelle für einen Zweck (Radiohören), der mit dem Betrieb eines Kfzs in keinerlei innerem Zusammenhang steht, stellt indessen keinen Gebrauch eines Fahrzeugs im Sinne der Ausschlussklausel dar.«

Die Haftpflicht musste zahlen. Letztlich dient solch ein Unglück nur der Erinnerung daran, dass das Leben nicht immer nach unserem Willen verläuft. Und ganz genau davor versprechen die Versicherungen, uns zu schützen.

EIN TROSTPFLÄSTERCHEN FÜR DEN GESAMTSCHULLEHRER

Ab und zu hört man von Halunken, die mutwillig mit ihren Autos Unfälle provozieren, um den Versicherungsgesellschaften das Geld aus der Tasche zu ziehen. Manche Menschen aber haben einfach nur Pech. Einer von ihnen ist der 38-jährige Gesamtschullehrer René. Er fuhr ein wunderschönes rotes Cabrio der automobilen Oberklasse und hielt sich peinlich genau an sämtliche geschriebene und ungeschriebene Verkehrsvorschriften. Mehrere andere Verkehrsteilnehmer schienen jedoch Tomaten auf den Klüsen zu haben. Sie rammten Renés hübschen Pkw von hinten, von vorne, von links und von rechts. Alle Unfälle ereigneten sich im Verlauf weniger Wochen. Der Fahrzeuglackierer verdiente ein Vermögen in dieser Zeit und bekam vom Farblieferanten für die Charge Bordeauxrot einen Sonderrabatt eingeräumt.

Nach dem vierten Unfall wurde eine der regulierenden Assekuranzen hellhörig. »Nanu, nanu, nanu«, murmelte der Sachbearbeiter Helfried, als er einen Blick in eine ganz spezielle Datenbank warf. »Jedes Mal ein hoher Sachschaden, aber die Karre bleibt immer fahrbereit. Alle vier Unfallgegner heißen mit Vornamen Helmut, bis auf Dieter, der heißt Fritz. Wenn das mal kein Zufall ist.«

Die Versicherungsgesellschaft erstattete Strafanzeige gegen den Lehrer. Ehe es sich René versah, wurde sein Cabrio beschlagnahmt und in eine behördliche Tiefgarage geschlossen. Die Mühlen der Justiz begannen zu mahlen – wie üblich – sehr langsam. Nach anderthalb Jahren wurde René der Prozess gemacht. Die Zeugen Helmut, Dieter und Fritz sagten für ihn aus, und die übrigen Indizien gaben nicht viel her. Der Gesamtschullehrer musste freigesprochen werden. Nach 518 Tagen bekam er sein rotes Cabrio zurück. Doch damit nicht genug. Väterchen Staat zeigte sich großzügig und packte eine üppige Entschädigung auf den Beifahrersitz: 3528 Euro für den Wertverlust des Wagens durch Alterung, 810,59 Euro für Sachverständigen- und weitere 294,91 Euro für Anwaltskosten.

Jeder andere normale Mensch hätte sich die Kohle geschnappt und wäre juchzend davongedüst. Nicht jedoch René. Zum einen war er an seiner Gesamtschule Mathe-Lehrer, und zum anderen hatte er durch seine Unfälle etwas von der sogenannten »Sanden/Danner-Tabelle« gehört. Mit dieser Liste arbeiteten die Gerichte, die Sachverständigen und die Versicherungen, wenn sie die Nutzungsentschädigungen für unfallbedingte Ausfallzeiten von Autos berechneten. René warf einen Blick in die Sanden/Danner-Tabelle, fand für sein Cabrio einen Tagessatz von 80 Euro angegeben und forderte summa summarum 41 440 Euro Nutzungsentschädigung vom Staat, abzüglich der bereits erhaltenen Zahlungen.

Der zuständige Richter traute seinen Ohren kaum, als er von dieser Forderung erfuhr. Nachdem er sich vom ersten Schock erholt hatte, diktierte er folgende Sätze: »Diese Entschädigung ist nicht nach den Sätzen von Sanden und Danner zu bemessen. Jene Tabellenwerke mögen sich in Fällen gewöhnlicher Ausfallzeiten als brauchbar erweisen. Als Grundlage für eine auf den Streitfall bezogene sachgerechte Schätzung sind sie aber nicht geeignet.« Der Richter hatte sicherlich Orwell gelesen, der in seinem Buch »Animal Farm« geschrieben hatte: »Alle Tiere sind gleich, aber manche sind gleicher.«

René bekam trotzdem ein Trostpflästerchen verordnet. Der Staat wurde dazu verurteilt, weitere 12 Euro pro Tag, also zusätzlich noch einmal 6216 Euro, herauszurücken.

DER FRECHE FRANZOSE

Grit befand sich in einem Alter, in dem sie sich für die normalen Frauenillustrierten etwas zu alt und für die Seniorenzeitschriften noch zu jung fühlte. Sie wusste die Vorzüge von angerauten Unterhosen und rutschfesten Gesundheitsschuhen sehr wohl zu schätzen, hatte aber die Hoffnung auf einen zweiten Frühling längst nicht aufgegeben.

Dann, bei einer Pauschalreise Mitte März in eine bekannte europäische Großstadt an der Seine, passierte es tatsächlich. Grit lernte Pierre kennen, einen frischen Franzosen wie aus dem Bilderbuch. Er trug quergestreifte Pullis zu einem kecken Halstuch, weite blaue Hosen und besaß ein schmales schwarzes Bärtchen, das wie angemalt auf der Oberlippe saß. Pierre zeigte Grit alle bekannten Sehenswürdigkeiten bis hin zum Bauch von Paris – und sehr bald auch seinen eigenen.

Nach 14 ereignisreichen Tagen und äußerst kurzweiligen Nächten reiste Grit zurück nach Deutschland. Da Pierre nichts Besseres zu tun hatte, begleitete er sie. Ende April fand die Hochzeit statt.

Nach den Flitterwochen bemerkte Grit plötzlich, dass pechschwarze französische Zigarillos auf einer Bank an der Seine zwar äußerst angenehm duften, aber in geschlossen Wohnräumen (und speziell im Schlafzimmer) wie die Pest stinken. Auch einige ursprünglich als liebenswerte Gewohnheiten wahrgenommene Eigenheiten von Pierre mutierten nach und nach ins ganze Gegenteil. Beispielsweise brachte es Grit auf die Palme, dass ihr guter Gatte nie vor zwölf Uhr mittags aufzustehen pflegte und dann zum Frühstück nur ein volles Wasserglas Pernod verputzte. Im Juli war das Maß voll. Pierre hatte bislang keinen einzigen Cent mit nach Hause gebracht, aber Grits gesamte Ersparnisse verbraten. Als sie dann auch noch blonde Haare auf seinem Pulli fand (Grit war brünett), warf sie ihn aus ihrer Wohnung.

Am nächsten Tag klingelte es. Pierre stand vor der Tür. »Ich habe meinen Rasierapparat vergessen«, sagte er. Grit öffnete ihm arglos. Er schlug ihr mit der geballten Faust brutal ins Gesicht. Sie stürzte und prallte mit dem Kopf auf den Steinfußboden. Pierre trat sie mehrmals heftig in den Bauch. Mit einem Schädelbruch und schweren inneren Verletzungen kam Grit ins Krankenhaus. Mehrere Tage lang schwebte sie in Lebensgefahr. Dann erhielt sie eine Nachricht, die sie aufatmen ließ: Das Unheil war vorüber. In einem Anfall von tiefer Depression hatte sich ihr gewalttätiger französischer Ehemann aufgehängt.

Noch vom Krankenhausbett aus löste Grit die letzten Bindungen und schlug die Erbschaft aus. Für sie war das Kapitel Pierre beendet.

Nicht so für die Behörden. Sie schickten der Witwe eine Rechnung über 2 561,16 Euro Bestattungskosten. Grit klagte gegen den Bescheid. Das Gericht meinte: »Eine Ehefrau ist grundsätzlich unterhaltspflichtig, auch wenn sie nicht Erbin ist. Im vorliegenden Fall ist es der Klägerin aber nicht zuzumuten, für die Bestattungskosten aufzukommen. Ihr Ehemann hatte sie vor seinem Freitod auf brutalste Weise misshandelt. Es wäre unbillig, wenn die Klägerin als mit knapper Not dem Gewalttod entronnenes Opfer dem hierfür verantwortlichen Täter eine würdige Bestattung bereiten müsste.«

Grit abonnierte eine Rentnerzeitung und las wieder Klassiker. Bei Oscar Wilde fand sie folgende Einsicht: »Jede Erfahrung ist wertvoll, und was man auch gegen die Ehe sagen mag, eine Erfahrung ist sie bestimmt.«

BETRIEBSAME RUHE IN KOLLEKTIVER EINSAMKEIT

Andere Länder, andere Sitten. In Schweden beispielsweise gibt es Alkohol nur in staatlichen Schnapsläden zu kaufen. Das Mittagessen wird meist als kalter Imbiss eingenommen, und erst abends kommt etwas Warmes auf den Tisch. Auf Autobahnen darf niemand schneller als 110 km/h fahren, und jeder Verkehrsteilnehmer, der bei Gelb eine Ampel passiert, muss mit einer gebührenpflichtigen Verwarnung rechnen. Doch damit nicht genug: Im Land der Trolle und der Elche gilt das sogenannte Jedermannsrecht. Es erlaubt allen Touristen in der freien Natur überall dort zu zelten, wo es ihnen am besten gefällt.

Alle diese Vorschriften und Regeln wären in Deutschland natürlich völlig undenkbar, ganz speziell das Jedermannsrecht. Schließlich darf man in der BRD noch nicht einmal auf dem eigenen Grundstück einen Campingwagen ohne Genehmigung aufstellen, oder?

Eckbert war Landwirt von Beruf, aber seit einigen Jahren arbeitslos. In seiner Not besann er sich, dass er eine ungenutzte Wiese ganz in der Nähe vom Waldsee besaß. Eckbert borgte sich einige tausend Euro von seiner Oma, mähte die Wiese, zog einen Koppelzaun und stellte einen altersschwachen Toilettenwagen sowie zwei Holzhütten auf. An die eine Bude pinnte er ein Schild mit der Aufschrift »Zeltplatzverwaltung«, die andere kennzeichnete er mit der Aufschrift »Klubraum«. Dann setzte er eine Annonce in die Zeitung und markierte die Abfahrt von der Landstraße mit einem Wegweiser »Eckis Campingparadies 600 Meter«.

Langsam, aber sicher lief das Geschäft an. Im ersten Jahr kamen einige Dutzend und im nächsten bereits einige hundert Campingfreunde mit Wohnwagen, Zelten und Reisemobilen angefahren, um fernab der Großstadt in kollektiver Einsamkeit und betriebsamer Ruhe an Grill und Lagerfeuer die frische Natur genießen zu können.

Doch leider schaffte es Eckbert als beispielhafter Betreiber einer Ich-AG nicht auf die Titelseite vom Managermagazin – er endete stattdessen im Flur des Verwaltungsgerichts. Die örtliche Behörde hatte nämlich Wind von seiner zündenden Geschäftsidee bekommen und ihm auferlegt, innerhalb kürzester Frist die Anlagen und Einrichtungen des von ihm betriebenen Campingplatzes auf Dauer zu entfernen. Der Jungunternehmer hatte gegen den Bescheid Widerspruch und gegen die prompte Ablehnung desselben Klage eingereicht.

Zunächst konnte er beim Gericht keinen Blumentopf gewinnen. Der Vorsitzende meinte knallhart: »Die Behörde war befugt, gegen die den Campingplatz ausmachenden Anlagen und Einrichtungen mit dem Ziel der endgültigen Beseitigung vorzugehen. Der Kläger war nicht nur Zustandspflichtiger, sondern zugleich Handlungsstörer.«

Eckbert bedeckte mit seinen schweißnassen Händen das Gesicht und wollte gerade anfangen zu weinen, als er ein großes ABER hörte. »Aber«, fuhr der Richter fort, »die angegriffenen Anordnungen sind jedoch deshalb ermessensfehlerhaft, weil sie sich als Verletzung des Gleichbehandlungsgebotes darstellen.«

Wieso das? Eckbert horchte auf. Links und rechts von seinem Campingplatz gab es nämlich noch zwei andere Zeltplätze, deren weiteren Betrieb die Behörde nicht untersagt hatte. »Dies führt dazu, das Vorgehen gegen den relativ kleinen Campingplatz des Klägers als willkürlich und damit ermessensfehlerhaft zu kennzeichnen«, hieß es im Urteil. Eckbert war den Bürokraten noch mal von der Schippe gehopst – mit unwissentlicher Hilfe seiner Nachbarn. Man kann in Deutschland einen Campingwagen durchaus im Garten haben, aber nur, wenn der Nachbar auch einen hat – Campingwagen für jedermann.

DER BUMMELSTUDENT AM PERSONALCOMPUTER

Ein Studium ist bekanntlich die einzige Erholung des Mannes zwischen Mutter und Frau. Das fand auch Laurenz. Er erholte sich reichlich an vielerlei Orten: in Cafés, Kneipen, Clubs und Bars. Nur in den Seminarräumen, Vorlesungssälen und Bibliotheken seiner Universität ließ er sich selten blicken. »Gut Ding will Weile haben«, sagt das dazu passende Sprichwort. Und ein freier Geist könne sich nicht unter dem Zwang verschulter Lehrpläne entfalten, dachte sich Laurenz.

Der 22-jährige Studiosus befand sich darüber hinaus in der glücklichen Lage, einen gut betuchten Vater zu haben, der ihm in angenehmer Erinnerung an die eigene akademische Laufbahn regelmäßig einen hübschen Scheck zukommen ließ. Trotzdem reichte das Geld hinten und vorne nicht. Alles wurde ständig teurer, vor allem die wichtigsten Lebensmittel wie Rotwein, Bier und Zigaretten.

Doch Laurenz entdeckte, was in ihm steckte, und entwickelte sich zu einem bei seinen Kommilitonen gefürchteten Schnorrer. Er ließ anschreiben, wo es nur ging, und borgte sich Geld, wo er nur konnte.

Die Welt wäre also in Ordnung gewesen, wenn es nicht etliche unsozial denkende Gläubiger gegeben hätte, die doch tatsächlich die im guten Glauben gegebenen Darlehen zurückforderten. Einige von ihnen drohten sogar mit dem Gerichtsvollzieher.

Eines Tages kreuzte ein solcher Kuckuckskleber in der Studentenbude auf, wedelte mit einem Vollstreckungsbescheid über 1091,30 Euro und pfändete den Computer nebst Monitor und Drucker. Das traf Laurenz besonders hart, denn er pflegte sehr gern nach einem ereignisreichen Tag bei einem PC-Spiel zu entspannen. Der junge Mann zog vor Gericht und legte gegen die Pfändung Rechtsmittel ein. Diese sogenannte Erinnerung begründete er wie folgt: »Ich studiere im vierten

Semester Jura. Der Computer ist für mich ein unerlässliches Hilfsmittel für die Anfertigung von Hausarbeiten.«

Aber der Richter neigte nicht zur Verbrüderung, ganz im Gegenteil. Er verkündete: »Die Rechtsprechung hat bisher in mehreren Fällen einen PC für unpfändbar gehalten, etwa für Studenten der Betriebswirtschaft, weil sie komplexe Rechenoperationen durchzuführen haben. Für einen Jura-Studenten ist dagegen ein Computer regelmäßig nicht erforderlich. Das Studium betrifft eine Geisteswissenschaft, die die Bearbeitung großer Datenmengen durch die EDV nicht verlangt.«

Recht hat der Richter. Lange Zeit mussten Studenten ohne diese Wunderkästen auskommen. 1971 erst konstruierte John von Blankenbacher den Prototyp eines Personalcomputers. Seitdem sind wir von diesen fantastisch wirksamen Maschinen umgeben, die uns viel Arbeit abnehmen oder in wenigen Augenblicken so große Fehler produzieren, wie es selbst zahlreiche Menschen in mehreren Monaten nicht vermögen.

4. Kapitel

DIEBSTAHL, EHESCHEIDUNG, EINBRECHER, FARRADFAHRER, FAHRSTUHL

DIE EINFACHE GESCHICHTE VOM FAHRRADMAUSER

Als der 14-jährige Michel an einem Donnerstag im September morgens mit dem Fahrrad in der Schule ankam, stellte er fest, dass er sein stabiles Bügelschloss vergessen hatte. In fünf Minuten würde der Unterricht anfangen. Michel hatte keine Wahl. Er musste sein schwarzes Rad, das er zur Zierde teilweise mit Goldbronze besprüht hatte, unangeschlossen in den Ständer auf dem Schulhof stellen.

Gegen 12.30 Uhr fuhr Sebastian, ein Freund von Michel, mit einem Mountainbike nach Hause. An einer Vorfahrtsstraße hielt er an. Von rechts kommend radelte ein Schüler aus einer Parallelklasse in Richtung Nachbardorf vorbei. Er saß auf einem schwarzen Drahtesel, der goldfarben verschönt war. Sebastian stutzte. Dieses Stahlross ähnelte verdammt dem Fahrrad von Michel. Sebastian handelte sofort. Er griff zum Handy und rief seinen Freund in der Schule an: »Hast du dem Stotterer aus der 8 b dein Fahrrad geborgt?«

Michel erbleichte, rannte hinaus auf den Schulhof und stellte fest, dass sein Fahrrad verschwunden war. Dann ging er zur Polizei. »Der Stotterer aus unserer Schule, er heißt David, hat mein Rad gestohlen.« Kurz darauf führte die Polizei auf dem Grundstück von Davids Eltern eine Hausdurchsuchung durch. Das entwendete Fahrrad fand sie nicht. David gab zu Protokoll: »Ich bin um 12.30 Uhr in den Schulbus gestiegen, gemeinsam mit Frank aus meiner Klasse.«

41

Am nächsten Tag war der Diebstahl Schulgespräch. Auch Lars aus der 9 b erfuhr davon. Er machte die folgende Aussage: »Kurz vor 13.30 Uhr stand ich mit David an der Bushaltestelle. Plötzlich sagte der Stotterer zu mir, dass er keine Lust habe, noch länger auf den blöden Schulbus zu warten. Er werde jetzt zurück in die Schule gehen und sich dort ein Fahrrad klauen.«

Für die Polizei war damit der Fall abgeschlossen. Sie machte sich nicht mehr die Mühe, Frank zu befragen und schickte die Akte an die Staatsanwaltschaft. Acht Monate nach dem Diebstahl stand David vor Gericht. Die Zeugen wurden vernommen. Michel beschrieb das Fahrrad ganz genau. Sein Freund Sebastian und auch Lars aus der 9 b wiederholten ihre belastenden Aussagen. Nur Frank, der gemeinsam mit David Schulbus gefahren sein sollte, konnte sich an nichts erinnern: »Das ist zu lange her.«

Eine ganz einfache Geschichte. Die Beweise gegen David waren erdrückend. Der Jugendrichter redete ihm ins Gewissen: »Ein Geständnis würde sich strafmildernd auswirken. Andernfalls ...«

Doch David leugnete die Tat: »Ich habe das Fahrrad nicht gestohlen. An dieser Schule haben mich alle gehänselt, weil ich stottere. Speziell Lars hat mich häufig gequält. Ende September habe ich die Schule gewechselt. Seitdem ärgert mich niemand mehr.«

Nun meldete Davids Verteidiger sich zu Wort: »Herr Vorsitzender, reicht es aus, ein Jugendlicher zu sein, um ein Motiv für einen Fahrraddiebstahl zu besitzen? Wo ist das Diebesgut geblieben? Darüber hinaus hat noch nicht einmal der Staatsanwalt bemerkt, dass die Zeitangaben nicht stimmen. Ich habe hier eine Bestätigung der Schule, aus der hervorgeht, dass David an dem betreffenden Tag um 12.10 Uhr Unterrichtsschluss hatte, Lars hingegen erst 13.10 Uhr. Wenn David tatsächlich um 13.30 Uhr zu Lars gesagt haben soll, er werde sich jetzt ein Fahrrad klauen, kann er nicht bereits um 12.30 Uhr mit ebendiesem Fahrrad am Zeugen Sebastian vorbeigeradelt sein. Außerdem wohnt David im Erlengrund, dem nördlichen Ende von A-Dorf, einer weit auseinandergezogenen Gemeinde. Ein Radweg geht direkt dorthin. Die Landstraße, auf der ihn Sebastian gesehen haben will, führt nach Süden zum Vorwerk. Ich bin die Strecke abgefahren. Es ist ein Umweg von einem Kilometer.

Entweder haben sich die Zeugen geirrt, oder sie haben gelogen. Darüber hinaus hat die Polizei schlampig gearbeitet. Wäre der Zeuge Frank zeitnah befragt worden, hätte er meinem Mandanten ein Alibi liefern können.«

Die einfache Geschichte war plötzlich kompliziert geworden. David wurde freigesprochen. Aus Mangel an Beweisen.

REGIERUNGSSEKRETÄRSGATTIN IM ABSEITS

Das Scheidungsrecht in der BRD geht von zwei irrigen Annahmen aus. Erstens sollen die Renten sicher sein, und zweitens werden Ehen erst nach einer langen Zeit geschieden. Wie sicher die Renten tatsächlich sind, wird die Zukunft zeigen, und Anträge auf Ehescheidung werden vor allem von Jungvermählten gestellt. Damit die Sache trotzdem wieder ins rechte Lot kommt, wächst nun von Jahr zu Jahr die Verfahrensdauer der Scheidungsprozesse. Sie beträgt inzwischen im Durchschnitt drei Jahre, so dass manch überlasteter Familienrichter hinter vorgehaltener Hand von einer quasi Rechtsverweigerung des Staates tuschelt.

Wie dem auch sei. Am sogenannten Versorgungsausgleich, das ist die Übertragung von während der Ehezeit erworbenen Rentenanwartschaften, kommt kein scheidungswilliges Männlein oder Weiblein vorbei. Die einfache Regel lautet: Derjenige Ehegatte, der höhere Rentenanwartschaften gesammelt hat, muss seinem mittlerweile ungeliebten Partner welche abtreten. Das ist natürlich sehr schmerzhaft, denn »Teilen macht Spaß« gilt selten für ehemalige Ehegesponse.

Wilbert war Beamter und durfte sich Regierungssekretär nennen. Das ist natürlich nur so ein Titel, denn er arbeitete nicht als Sekretär für irgendeine Regierung. Zitronenfalter falten schließlich auch keine Zitronen. Trotz regelmäßiger Arbeitszeit, schweinslederner Aktentasche und föngewellter Kurzhaarfrisur ging seine Ehe in die Brüche. Der Canossagang zum Familiengericht blieb ihm nicht erspart. Allerdings hatte Wilbert Glück im Unglück: Wenige Tage nach dem Scheidungsurteil wurde er zum Regierungsobersekretär befördert, und zwar rückwirkend.

Aber irgendein neidischer Kollege hielt nicht dicht, und steckte Exgattin Gudrun den Karrieresprung ihres Verflossenen. Die Holde witterte Morgenluft, denn eine Beförderung – so schlussfolgerte sie messerscharf – führt neben einer höheren Besoldungsgruppe zu einem gestiegenen Pensionsanspruch. Zwei Tage vor Ende der Rechtsmittelfrist legte Gudrun Berufung ein.

Die Richter grübelten lange. Im Prinzip hatte Gudrun ja recht, aber würde damit nicht ein schwerwiegender Präzedenzfall geschaffen? Welche Auswirkungen hätte eine positive Entscheidung auf ähnlich gelagerte Fälle mit bereits rechtskräftigen Urteilen?

Wer seinen Hund schlagen will, findet auch einen Stock, und das Gericht deshalb eine einleuchtende Begründung: »Wenn ein Beamter nach der Scheidung befördert wird, bleibt das ohne Einfluss auf die Bewertung der während der Ehe erworbenen Versorgungsanwartschaften, weil die Beförderung erst mit der Aushändigung der Ernennungsurkunde wirksam wird.«

»Hach, noch mal gut gegangen«, freute sich Wilbert und wischte sich den Angstschweiß von der Stirn. Dann ließ sich der Regierungsobersekretär – obwohl er selbst sowohl »Ober«, als auch »Sekretär« war, von seiner Sekretärin Kaffee bringen.

GLÜCKLOSE GESCHÄFTSGRÜNDUNG

Sven, Thilo und Falk waren zwischen 36 und 47 Jahren alt und hoffnungslos pleite. Die meiste Zeit verbrachten sie an einem Imbissstand. Sven und Thilo als beschäftigungslose Gelegenheitsarbeiter mit Bierbüchsen in den Händen davor, Falk als schlecht bezahlter Verkäufer darinnen.

»In miesen Zeiten wie diesen ist freies Unternehmertum gefragt«, meinte Sven eines Tages.

»Handwerk hat goldenen Boden«, wusste Thilo zu berichten, und Falk steuerte als Weisheit bei: »Brätst du mir die Wurst, so lösch ich dir den Durst.«

Nachdem die drei Herren insoweit Einigkeit hergestellt hatten, beschlossen sie, gemeinsam eine Firma zu gründen. Sie wählten die einfache Form einer sogenannten BGB-Gesellschaft, weil die nicht ins Handelsregister eingetragen werden muss, und nannten sie »Frohe Zukunft«. Als Stammeinlage steuerte Falk seinen Transporter bei, mit dem er die Einkäufe für den Imbissstand zu tätigen pflegte. Seine beiden Kompagnons brachten Humankapital ein: Sven sein Fachwissen als geschickter Mechaniker und Thilo seine Kenntnisse vom Bau.

Die Arbeit konnte beginnen. An einem regnerischen Abend (Regen ist sehr gut. Er dämpft die Geräusche und nimmt neugierigen Nachbarn die Sicht!) fuhren sie in ein ländliches Gewerbegebiet. Sven knipste am Bürogebäude ein paar Drähte durch und legte die Alarmanlage mit Bauschaum lahm. Falk als der Dünnste des Trios kletterte an einer Regenrinne hoch, öffnete auf dem Flachdach eine Luke und stieg in das Gebäude ein. Im Erdgeschoss fand er einen Tresor, aber der war riesengroß und wog mehrere Zentner.

Thilo wusste Rat: »Dort hinten steht ein Radlader. Wenn wir den kurzschließen, kann ich mit ihm den Panzerschrank aus dem Haus ziehen.«

Gesagt, getan. Sven startete das Ungetüm, Thilo setzte sich hinter das Lenkrad und fuhr volle Pulle gegen das Bürogebäude. In der Wand tat sich ein Loch auf. Falk ging hindurch, schlang ein Stahlseil um den Safe und befestigte es an der Schaufel vom Radlader. Thilo legte den Rückwärtsgang ein. Metall knirschte kreischend über Metall, Putzbrocken fielen herab, Funken sprühten. Die Männer befanden sich im Jagdfieber. Irgendwann bemerkten sie blau flackernde Lichter aus südlicher Richtung. Die drei vom Imbiss sprangen in den Lieferwagen und entwischten in letzter Sekunde. Ihre Beute mussten sie zurücklassen.

Bei ihrem zweiten Bruch suchten sie sich einen kleineren Geldschrank. Der war immer noch zu groß. Während des Transportes zum Auto machte die Sackkarre die Grätsche. Der Tresor rutschte ab und fiel krachend zu Boden. Da half auch der lärmdämpfende Regen nichts mehr. Lichter flammten auf. Ein zweiter, schwerer Arbeitstag ging ergebnislos zu Ende.

Beim dritten Versuch lief alles wie am Schnürchen. Der Kassenschrank hatte die richtige Größe, niemand störte die Nachtarbeiter, und die stabilere Sackkarre hielt durch. Die Enttäuschung kam beim Öffnen der Tür. Statt der erhofften 500 000 Euro lagen nur 2 500 Euro Bargeld im Safe. Das Geld reichte gerade so, um die Unkosten zu decken. »Das ist das beste Beispiel dafür, wie der sogenannte technische Fortschritt in Form von elektronischem Zahlungsverkehr zum Aussterben traditioneller Berufszweige führt«, meinte Falk resigniert am nächsten Tag am Imbiss. Das hörte auch Stammgast Miklas und berichtete wenig später der Polizei darüber.

Die BGB-Gesellschaft »Frohe Zukunft« stellte ihre kurze und glücklose Tätigkeit ein. Sven, Thilo und

Falk kassierten Haftstrafen zwischen drei Jahren, neun Monaten und vier Jahren, acht Monaten. Dass die Dauer der Haftstrafen variiert, ist auf vorherige Straftaten zurückzuführen, die in die jeweiligen Urteile mit einflossen.

DIE UNSYMPATHISCHE LEISETRETERIN

Im Straßenverkehr sind die Rollen klar verteilt. Lkws und Pkws zählen zu den Starken. Zwischendurch wuseln Motorradfahrer herum. Die Schwachen sind Fußgänger und Fahrradfahrer. Doch viele Drahteseldompteure verhalten sich nicht so. Wer kamikazehaft Fahrspuren im dicksten Berufsverkehr wechselt und rote Ampeln ignoriert, scheint der Logik vom fröstelnden Mädchen zu folgen, welches im kalten Winter klagt: »Geschieht meiner Mutter ganz recht, dass ich an den Händen friere. Weshalb kauft sie mir keine Handschuhe.« Allerdings sind Brüschen und Beulen am Kopf häufig schmerzhafter als steifgefrorene Finger und Frostbeulen.

Alice, eine 25-jährige Fachschulstudentin, war mit ihrem Mountainbike in einer ruhigen Vororstraße unterwegs, als plötzlich vor ihrem Vorderrad ein rechtsabbiegender Pkw auftauchte. Die junge Frau hatte keine Chance. Sie konnte nicht ausweichen, wurde angefahren, stürzte und rollte über das Pflaster. Schmerzhafte Prellungen, Platzwunden und ein Schleudertrauma waren die Folge. Das einst so stolze Stahlross hatte nur noch Schrottwert.

Alice tat das Naheliegende. Sie verklagte die Pkw-Fahrerin Helga auf einen Schmerzensgeldbetrag von 1 500 Euro und auf Schadensersatz in Höhe von 426 Euro. »Mir wurde rücksichtslos die Vorfahrt genommen«, begründete sie ihren Anspruch.

Doch Helga war sich keiner Schuld bewusst: »Ich habe die Radfahrerin wegen einer Hecke nicht sehen können. Sie war in der falschen Richtung unterwegs und hat verbotswidrig das Trottoir benutzt. Ich konnte nicht damit rechnen, dass sie einfach in die Kreuzung einfahren würde.«

Der Richter ließ sich die örtlichen Gegebenheiten sowie die Fahrtrichtungen von Mountainbike und Pkw aufzeichnen. Dann stellte er fest: »Nur Kinder dürfen auf dem Gehweg radeln, und selbst diese müssen unbedingt vor der Überquerung einer Kreuzung vom Rad absteigen. Aus Paragraf 10 der Straßenverkehrsordnung ergibt sich, dass jemand, der vom Fahrbahnrand anfahren will, sich so zu verhalten hat, dass eine Gefährdung anderer Verkehrsteilnehmer ausgeschlossen ist. Ich kann beim besten Willen keine Anspruchsgrundlage erkennen.«

»Das mag ja alles sein«, erwiderte Alice erbost über diese einseitige Parteinahme. »Aber von einem Pkw geht eine viele höhere Gefahr aus, als von einem Fahrrad. Außerdem gilt immer noch der Grundsatz von der gegenseitigen Rücksichtnahme. Die feine Dame hätte nur ihre Augen aufzusperren brauchen, und nichts wäre passiert!«

Mit dieser Äußerung hatte die Studentin den letzten Rest vom Wohlwollen des Richters verspielt. Die Klage wurde abgewiesen. Begründung: »Wenn man mit einem Fahrrad verbotswidrig auf dem Bürgersteig fährt, noch dazu in die falsche Richtung, kann man nicht einfach in eine Kreuzung einfahren, ohne sich sorgfältig zu vergewissern, ob Verkehr kommt.«

Radfahrer werden als die einzigen sympathischen Leisetreter bezeichnet. Aber es gibt Ausnahmen.

BEWEGUNGSSPORT IM HOCHHAUS

In der guten alten Zeit, als Autofahren noch teurer war als Parken, gründete Sebert ein Buchführungsunternehmen. Von der Bank wurde ihm problemlos ein Existenzgründerdarlehen gewährt und ausgezahlt. Daran lässt sich leicht erkennen, dass seitdem etliche Jahre ins Land gegangen sind, denn heutzutage bekommt nur noch derjenige Geld geborgt, der genug davon hat.

Aber dafür gab es andere Probleme, jedenfalls in der Gegend, in der Sebert wohnte: Dort gab es zwar günstige Kredite, aber so gut wie keine Büros. Sebert war heilfroh, als er nach langem Suchen halbwegs bezahlbare Geschäftsräume in der zehnten Etage eines Hochhauses mitten auf der grünen Wiese gefunden hatte.

Sein Vermieter war die HIRE & FIRE GmbH. Geschäftsführer Roger legte ihm den Mietvertrag vor. Sebert stolperte über Paragraf 9. »Wenn und solange ein Aufzugwärter nicht im Hause anwesend ist, kann der Vermieter den Aufzug außer Betrieb setzen.«

Roger beschwichtigte ihn: »Das bedeutet keineswegs, dass ich den Fahrstuhl nach Belieben abschalten kann. Es handelt sich um eine reine Vorsichtsmaßnahme für den seltenen Fall, dass ausnahmsweise niemand vom Gebäudeschutz anwesend sein sollte.«

Sebert schaute sich um und war beruhigt. Im Eingangsbereich des Hochhauses stand ein runder Tresen. Tagsüber saßen dort zwei Empfangsdamen und wiesen den Besuchern den Weg. Abends und nachts wachten mehrere Pförtner.

Die Jahre vergingen. Die grüne Wiese verschwand nach und nach. Hinten, vorne, links und rechts schossen Bürogebäude aus dem Boden. Die harten Mieten wurden weich und gaben schließlich nach wie Harzer Käse in der Sonne. Das Klima im Hochhaus änderte sich. Die Firmenschilder im Eingangsbereich wechselten häufiger. Dann blieben Felder leer. Im Foyer verstaubten die Grünpflanzen. Die Empfangsdamen wurden von einem mürrischen Rentner abgelöst.

Sebert störte sich nicht daran. Er bekam selten Besuch. Dank der elektronischen Datenübertragung florierte sein Geschäft auch so.

Und dann, eines Tages, war das Buchhaltungsunternehmen der einzige im Hochhaus verbliebene Mieter. Hinterm Tresen saß niemand mehr. Die Grünpflanzen waren verschwunden. Schließlich hing am Fahrstuhl ein Zettel, auf dem stand: »Die Benutzung ist nur während der Geschäftszeiten montags bis freitags von 8 bis 19 Uhr gestattet.«

Sebert arbeitete regelmäßig auch am Wochenende und protestierte deshalb beim Vermieter. Roger verwies auf den Paragrafen 9: »Laut Mietvertrag dürfen wir den Aufzug abschalten, wann immer wir wollen.«

Der Buchhalter hatte keine Lust, schwere Aktenkartons oder sich selbst in die zehnte Etage schleppen zu müssen, und zog vor Gericht. Die Entscheidung fiel zu seinen Gunsten aus: »In einem Hochhaus muss der Vermieter den Aufzug an allen Tagen rund um die Uhr in Betrieb halten. Der entgegenstehende § 9 des Mietvertrages ist unwirksam. Anderenfalls läge es allein in der Hand des Vermieters, wann der Lift außer Betrieb gesetzt wird.«

Roger hätte es wissen müssen. Schließlich ist Gehen lediglich ein Sport, der zwischen dem Verlassen des Autos und dem Betreten des Aufzugs ausgeübt wird.

5. Kapitel

FEUER, FUSSGÄNGER, GEMA, GEZ

DER STREICHHOLZSCHNIPSER VOR DER SCHEUNE

Das von wogenden Weizenfeldern umgebene Dorf lag mitten im flachen Land, weitab von der nächsten Stadt. Lediglich eine untergeordnete Landstraße führte daran vorbei. Nur selten verirrte sich ein Fremder in die kleine Gemeinde und schritt die krummen Kopfsteinpflastergassen ab, obwohl der ehemalige Gutspark mit seinen seltenen und hohen Bäumen als sehenswert gelten konnte.

Der neunjährige Benjamin war ein Stadtkind. In den großen Ferien besuchte er regelmäßig seine Großeltern. Dann lief er barfuß, trug kurze Hosen und erlebte tagtäglich Abenteuer, die seine Schulkameraden nur vom Fernsehen kannten. Doch an einem heißen Tag Ende August veränderte ein schlimmer Vorfall sein Leben von Grund auf.

Benjamin war mit seinen gleichaltrigen Freunden Kalle und Tim unterwegs. Mit ihren Mountainbikes radelten sie staubige Feldwege entlang. Sie wollten zum Tümpel unterhalb der großen Eiche, um Blutegel und Frösche zu fangen. Zwischendurch gab es Streit. Kalle hatte die emaillierte Milchkanne vergessen. Worin sollten sie nun die Beute transportieren? Kalle und Tim fuhren zurück. Benjamin blieb allein bei der großen Scheune. Er setzte sich in den Schatten und wartete. Aus Langeweile übte er sich im Streichholzschnipsen: Er nahm die Schachtel in die rechte Hand, drückte mit dem Daumen ein Streichholz auf die Reibefläche und schnipste mit dem Zeigefinger der linken Hand gegen das Hölzchen. Der Trick bestand darin, weder zu fest noch zu sachte auf das Streichholz zu drücken, weil es sonst entweder zerbrach oder unangezündet davonflog.

Benjamin hatte den Bogen ganz gut raus. Die kleinen Flämmchen züngelten auf und erloschen im Flug. Plötzlich qualmte es zu seinen Füßen. Ein Streichholz war nicht ausgegangen und hatte das trockene Stroh vor der Scheune entzündet. Der Junge versuchte, das Feuer auszutreten – vergeblich. Die Flammen breiteten sich immer weiter aus und hatten bald das Innere der Scheune erreicht.

Benjamin sprang auf sein Fahrrad und raste zurück ins Dorf um Hilfe zu holen. Als das erste Löschfahrzeug eintraf, brannte die Scheune bereits lichterloh. Sechs freiwillige Feuerwehren mit insgesamt 83 Wehrmännern aus allen umliegenden Orten kämpften vergeblich viele Stunden lang. Sie wurde bis auf die Grundmauern zerstört. Noch zwei Tage später brachen einzelne Glutnester auf. Der Gesamtschaden belief sich auf über 500 000 Euro.

Benjamin reiste vorfristig aus den Ferien nach Hause. Der Schreck saß ihm tief in den Knochen. Ein halbes Jahr später erhielt er Post von der Verbandsgemeinde. Sie verlangte von ihm 20 488,20 Euro für die Brandbekämpfung. Benjamins Eltern legten gegen den Bescheid Widerspruch ein, aber er wurde abgelehnt. Der Neunjährige sei deliktsfähig gewesen und habe den Brand in zurechenbarer Weise fahrlässig verursacht, hieß es in der Begründung.

Auch das Gericht teilte diese Ansicht: »Ein normal entwickelter Jugendlicher dieses Alters hätte die Gefährlichkeit seines Tuns voraussehen müssen.« Trotzdem wurde der Bescheid teilweise abgeändert. Die Verbandsgemeinde hatte nämlich für das Feuerwehrfahrzeug LF 24 einen Stundensatz von 110 Euro berechnet. Dies widersprach jedoch der Satzung, die lediglich 75 Euro pro Stunde vorsah.

Letztendlich wurden Benjamin also 262,50 Euro von der Gesamtsumme erlassen.

EIN ECHTES WUNDER

Die Definition von einem Wunder lautet in etwa: ein außergewöhnliches Geschehen, welches den bekannten Gesetzen der Natur oder allen Erfahrungen nach als unerklärlich erscheint und deshalb der unmittelbaren Einwirkung einer göttlichen Macht oder übernatürlichen Kräften zugeschrieben wird.

Für manche angeblichen Wunder gibt es eine ganz einfache Erklärung. Für andere Begebenheiten hingegen nicht, und das sind dann die echten Wunder. Wenn zum Beispiel ein schlafender Mensch nachts in seinem Bett wach wird, weil er plötzlich unmittelbar neben seinem Kopf Stimmen hört, daraufhin verängstigt das Licht anknipst und niemanden sieht (weil keiner da ist), wird es sich wahrscheinlich nicht um ein Wunder handeln. Vermutlich hatte der einsame Schläfer lediglich vergessen, das Radio auszuschalten.

Detlev hingegen wurde Zeuge eines echten Wunders, und das kam so: Der 43-jährige Geschäftsführer einer Heizungsbaufirma besaß zwei personengebundene Autos. Den wunderschönen dunkelblauen Dienstwagen mit den cremefarbenen Ledersitzen benutzte er, wenn er bei Großprojekten zwecks Auftragsvergabe zu Besprechungen mit Generalübernehmern, Architekturbüros und Bundesbehörden fuhr. In den kleinen Lieferwagen mit dem Firmenlogo an den Seiten stieg er, wenn er Privatkunden besuchte und dort Verträge über die Wärmeversorgung von einzelnen Reihenhäusern aushandelte.

Früher war Detlev häufig mit der Limousine unterwegs gewesen. In letzter Zeit aber saß der Geschäftsführer meistens im Blaumann im Transporter. Der Dienstwagen stand inzwischen ungenutzt auf dem

Gewerbehof unter einem Carport und wurde einmal pro Woche vom Lehrling gewaschen.

Auf dem Firmengelände hatten sich noch mehrere andere Unternehmen angesiedelt. Direkt neben den Heizungsbauern residierte ein Malerbetrieb. Eines Abends im August parkte Elly, die Frau des Chefs, einen Kleinbus neben Detlevs dunkelblauem Auto. Am nächsten Tag brach um 11.30 Uhr in dem Bus ein Feuer aus und griff auf den danebenstehenden Pkw über.

Die Feuerwehr untersuchte die Brandursache und mutmaßte: »Das Feuer könnte durch einen Elektroschaden am Fahrzeug herbeigeführt worden sein.«

Detlev forderte Schadensersatz für seine Nobelkarosse. Die Versicherung verneinte ihre Einstandspflicht. Der Malerbetrieb wollte natürlich auch nicht zahlen, und so kam die Sache vor Gericht. Die Richter stellten fest: »Der zwischen den Parteien streitige Schaden ist nicht durch den Gebrauch des Fahrzeugs entstanden. Der Gebrauch endet dort, wo sich nichts weiter mit dem Fahrzeug ereignet. In der Zeit vom Abstellen des Fahrzeugs bis zum Brandbeginn sind an dem Fahrzeug keinerlei Gebrauchsmaßnahmen, wie z.B. Be- und Entladearbeiten durchgeführt worden.«

»Das ist mir doch völlig wurscht«, rief Detlev dazwischen. »Mir ist ein schwerer Schaden entstanden. Den will ich ersetzt haben.«

»Nichts da«, lautete das Urteil. »Ein Anspruch nach § 10 Nr. 1 AKB kommt nur dann in Betracht, wenn der Elektroschaden in einer Beziehung zu einem Gebrauch des Fahrzeugs steht.«

Damit ist Detlev zweifelsfrei zum Zeugen eines Wunders geworden. Der Brand war schließlich ohne jedes menschliche Zutun, quasi durch göttliche Fügung entstanden. Ein noch viel größeres Wunder wäre es jedoch gewesen, wenn die Versicherung gezahlt hätte.

DÜRFEN RADFAHRER JETZT WIRKLICH ALLES?

Jeder Kraftfahrer, der mit seinem Auto am Straßenverkehr teilnimmt, ist sozusagen in Feindesland unterwegs: Lebensmüde Motorradfahrer überholen zwischen den Fahrspuren, Fußgänger laufen bei Rot über die Kreuzung, und die Lkws machen sowieso, was sie wollen. Am schlimmsten von allen sind die Radfahrer. »Dürfen Radfahrer jetzt wirklich alles?«, lautet eine nicht unberechtigte Frage, seitdem für sie zahlreiche Einbahnstraßen in der Gegenrichtung freigegeben wurden.

Benno war seit 20 Jahren Taxifahrer. Er hatte schon alles erlebt. Beispielsweise beförderte er jenen betrunkenen Fahrgast, der von ihm wissen wollte: »Haben Sie noch Platz für eine Currywurst und einen Kasten Bier?« und ihm anschließend die Lederpolster vollkotzte.

An einem Sonntag im April brauste Benno frohgemut mit einem Fahrgast im Fond eine Straße entlang, als er sich einem Fußgängerüberweg näherte. Benno ließ den Leuchtturmblick schweifen: nach rechts, nach links und wieder zurück, kein Mensch weit und breit.

Doch dann, als er nur noch wenige Meter von dem Zebrastreifen entfernt war, tauchte plötzlich wie aus dem Nichts ein rotgewandeter Radfahrer auf und sauste einem neunschwänzigen Teufel gleich quer über die Straße. Benno hämmerte den Bleifuß auf das Eisen. »Ihhuhh« quietschten qualmend die Pneus. Der nichtangeschnallte Passagier schoss vom Rücksitz einen Salto mortale und fand sich bleich und unverletzt auf dem Beifahrersitz wieder. Der rote Radler erstarrte zur Salzsäule. Zwischen sein rechtes Schienbein und den Kühlergrill hätte man noch ein Löschblatt schieben können.

Ein Cop (oder neudeutsch »Kob« = Kontaktbereichsbeamter) eilte herbei und nahm die Personalien auf. Doch zu Bennos größter Verblüffung sollte er, und nicht der Drahteseldompteur, der böse Mann gewesen sein. Das Amtsgericht brummte ihm folgerichtig eine saftige Geldbuße auf.

Benno legte Rechtsmittel ein, und zwar aus Prinzip. Aber diese Geschichte geht gut aus: Diesmal bekam der Taxifahrer Recht.

»An Fußgängerüberwegen müssen Fahrzeuge Fußgängern und Rollstuhlfahrern das Überqueren der Fahrbahn ermöglichen, wenn diese den Überweg erkennbar benutzen wollen. Der Autofahrer darf dann nur mit mäßiger Geschwindigkeit heranfahren. Der Taxifahrer hat sich vorschriftsmäßig verhalten, da Radfahrer nicht zu den Verkehrsteilnehmern zählen, die durch die Einrichtung von Fußgängerüberwegen geschützt werden sollen. Sie dürften Fußgängerüberwege gar nicht benutzen«, urteilten die Richter der höheren Instanz.

Benno hatte zwar mit dem sprichwörtlichen Schinken nach der Wurst geworfen, denn die beiden Gerichtsverhandlungen kosteten ihn mehr Zeit, als es das Bußgeld wert gewesen wäre. Doch dafür hat er nun eine neue Geschichte parat, mit der er seine Fahrgäste erheitern kann.

MUSIK IST BALSAM FÜR DIE OHREN

Ein Zahnarzt ist ein Mann, der einer Frau befehlen kann, wann sie ihren Mund zu öffnen und wann sie ihn zu schließen hat. Dr. Alger war ein solcher. Er wusste natürlich aus eigener Erfahrung, dass nur hartgesottene Masochisten gerne zum Stomatologen gehen. Deshalb suchte er nach einer Möglichkeit, seinen transpirierenden Patienten das Leiden zu lindern. Er stattete in seiner Praxis den Anmelderaum, das Wartezimmer und die beiden Behandlungsräume mit Lautsprechern aus und verkabelte sie mit einer Stereoanlage, über die er wahlweise fröhliche französische Chansons vom Band oder musikalische Unterhaltungssendungen einer Radiostation abspielte.

Dr. Alger war nicht nur ein guter Dentist, sondern auch ein vorbildlicher Steuerzahler. Deshalb meldete er ganz selbstverständlich den Radioempfänger bei der GEZ, der »Gebühreneinzugszentrale der öffentlich-rechtlichen Rundfunkanstalten« an, und zahlte pflichtgemäß doppelte Rundfunkgebühren – einmal zu Hause, und einmal in der Praxis.

Doch zu seiner größten Verwunderung hatte er damit noch nicht genug getan. Eines Tages klopfte eine Dame an seine Tür und stellte sich als eine Mitarbeiterin der GEMA, der »Gesellschaft für musikalische Aufführungs- und mechanische Vervielfältigungsrechte« vor und forderte einen weiteren regelmäßigen Obolus: »Bei der GEMA handelt es sich um eine Verwertungsgesellschaft für urheberrechtlich geschützte Musikwerke. Aufgrund eines Berechtigungsvertrages nehmen wir die urheberrechtlichen Nutzungsrechte der Komponisten, Textdichter und Musikverleger wahr. Wir ziehen deren Tantiemen ein und verteilen sie nach einem bestimmten Schlüssel. Gezahlt werden muss für jede öffentliche Aufführung, und Musikprogramme in Zahnreißerräumen gehören dazu.«

Dr. Alger murmelte: »Wat sin mut, mut sin«, und löhnte regelmäßig. Bis er dreieinhalb Jahre später und rund 400 Euro ärmer in einer Fachzeitschrift von einem Urteil las. Ein Amtsgericht hatte die Rundfunkwiedergabe in Arztpraxen als nichtöffentlich eingestuft. Die Folge: Der Empfang von Radiosendungen würde keine urheberrechtliche Entgeltpflicht auslösen.

Dr. Alger ließ die zarte Dentistenhand zur Faust geballt auf den Instrumententisch krachen und murmelte etwas von »Halsabschneidern, elendigen.« Dann schrieb er der GEMA und forderte seine Piepen zurück. Die zahlte nicht, und die Sache kam vor Gericht.

Doch der Amtsrichter wedelte mit seiner Robe und meinte süffisant lächelnd, wobei eine seitliche Zahn-

lücke sichtbar wurde: »1. Die Wiedergabe von Hör-
funksendungen in öffentlich zugänglichen Räumen ist
urheberrechtlich als öffentliche Nutzung zu werten,
für die neben den GEZ-Gebühren eine zusätzliche urheberrechtliche Vergütung zu entrichten ist. 2. Dieses
Urteil bleibt auf den konkreten Einzelfall zugeschnitten
und kann nicht auf andere, scheinbar gleich gelagerte
Sachverhalte übertragen werden. 3. Das Urteil ist unan-
fechtbar. Eine Berufung ist nicht zulässig.«

Ambrose Bierce sagte einmal über einen Zahnarzt:
»Er ist ein Zauberkünstler, der einem Gold in den
Mund steckt und Geld aus der Tasche zieht.« Der amerikanische Schriftsteller hatte keine Gelegenheit gehabt,
die GEZ und die GEMA kennenzulernen.

WAS SIND LAUTSPRECHER?

Nach Meinung vieler Menschen sind die drei schlimmsten Geißeln der Menschheit: a) Zahnschmerzen, b) zän-
kische Eheweiber und c) die GEZ. Die inquisitorische
Frage »Schon GEZahlt?« treibt selbst Phlegmatiker zu
Temperamentsausbrüchen. In Anbetracht der angebotenen Programme wird die Gebührenschneiderei als
Provokation empfunden.

Da aber auch mindere Qualität Geld kostet, sind die
Kassen der GEZ immer leer. Not macht erfinderisch.
Sabine gehörte ein Autohaus. Sie erhielt die Aufforde-
rung, Rundfunkgebühren für sämtliche von ihr angebotenen Pkws zu bezahlen, in die Radios eingebaut
waren. Die sinnige Begründung lautete: Für die Erhe-
bung von Rundfunkgebühren reichte es aus, dass der
Teilnehmer die Möglichkeit habe, die angebotenen Programme zu empfangen. Ob er diese Möglichkeit tatsächlich nutzt, sei allein seine Sache.

Sabine wollte ihre sauer ersparten Euros nicht zum
Fenster hinauswerfen und reichte Klage ein. Dabei
berief sie sich darauf, dass sie ein Geschäft betreiben

würde. Alle Unternehmen, die sich gewerbsmäßig mit dem Verkauf von Radios befassten, dürften die Vorführgeräte gebührenfrei ausstellen.

Das Oberverwaltungsgericht entschied in zweiter Instanz: »Die Ausnahmeregelung gilt nicht für die Klägerin. Sie präsentiert die Autos nicht, um Radios zu verkaufen, sondern um voll ausgestattete Fahrzeuge anzubieten.«

Nachdem diese Sache geklärt war, folgte umgehend der zweite Streich. Manfred, ein Lebensmittelhändler, der in einer Sonderaktion in Kartons verpackte Kofferradios zum Verkauf angeboten hatte, sollte pro Stück 5,32 Euro Rundfunkgebühren pro Monat entrichten. Die Argumentation der Behörde in diesem Fall lautete: Für Manfred würde die Gebührenfreiheit für Radiohändler nicht zutreffen, denn er hätte ja ein Lebensmittelgeschäft.

Diese zündende Idee wollte aber selbst dem Oberverwaltungsgericht nicht einleuchten. Es sah keine Gebührenpflicht gegeben, denn »es widerspricht dem Grundsatz der Gebührengerechtigkeit, auf die bloße Empfangsmöglichkeit abzustellen, wenn ein Händler Rundfunkgeräte nachweislich nicht zum Empfang nutzt.« Bei Sabine ja, bei Manfred nein. Aber Recht darf bekanntlich nicht logisch sein, sonst würde es jeder verstehen.

Damit waren die Ideen der Behörde noch längst nicht erschöpft. Dörte betrieb ein Bräunungsstudio mit sieben Kabinen. In jeder Kabine hing ein Lautsprecher, über den das sonnenhungrige Publikum mit Sommerhits berieselt wurde. Eines Tages erhielt Dörte einen rückwirkenden Gebührenbescheid über 2 160 Euro zugestellt. Die Lautsprecher würden sieben gebührenpflichtige Hörstellen darstellen, weil sie nicht der Beschallung des gesamten Studioraumes, sondern der Beschallung der Einzelkabinen dienten.

Das Verwaltungsgericht urteilte in dieser Sache: »Ja, auch Lautsprecher als gesonderte Hörstellen sind Rundfunksempfangsgeräte. Aber es kommt auf die Praktikabilität der Gebührenerhebung an. Lautsprecher, die nur ein Programm wiedergeben, sind als einheitliche Hörstelle anzusehen.«

Am besten wäre es sicherlich, wenn es so käme, wie es Rio Reiser in seinem Hit »König von Deutschland« gefordert hatte: »Dann gibt es nur noch ein Programm, Robert Lembke 24 Stunden lang.«

6. Kapitel

GRENZZEICHEN, HAARSCHNITT, HAUSNUMMERN, HUNDE

DER VERRÜCKTE STEIN

Fred war von Beruf Polizist und seine Frau Sonja in anderen Umständen. »Höchste Zeit, ein Nest zu bauen«, dachten sich die beiden und erwarben auf dem Immobilienmarkt ein preisgünstiges Hammergrundstück. Sie fanden bald eine Projektgesellschaft, die sich vertraglich verpflichtete, innerhalb kürzester Zeit ein Gebäude im Bungalow-Stil zu errichten. Die Übergabe fand termingetreu und zur Zufriedenheit aller statt. Die finanzierende Bank buchte regelmäßig die fälligen Raten ab, und Sonjas Bauch wölbte sich kürbisartig.

Erst nach dem Einzug verstand Fred, was es mit einem Hammergrundstück eigentlich auf sich hatte: Ein ursprünglich 1 000 Quadratmeter großer Garten war in zwei Hälften geteilt worden. Axel und Margarita, die anderen Käufer, besaßen nun die vordere Parzelle. Fred und Sonja gehörte das hintere Stück. Sie konnten nur über das vorn an der Straße gelegene Anwesen zu ihrem Haus gelangen. Das war der Hammer. Im Grundbuch stand deshalb für sie ein unkündbares Wegerecht.

Und schon ging der Ärger los. Fred und Sonja fanden einen Zettel in ihrem Briefkasten. Darauf stand: »Sie latschen zu oft an unserem Haus vorbei. Das staubt. Schränken Sie gefälligst Ihr Herumgewandere ein. Frau Margarita.«

Fred besaß Humor. Er klopfte bei Axel und sagte: »Gut, dass Sie mich daran erinnern. Im Notarvertrag war vereinbart, dass die Pflasterung des Weges auf meine

Kosten geht. Ich werde mich um eine Firma kümmern. Dann ist die Sache mit dem Staub vorbei.«

Hinter Axels Rücken zischte Margarita hervor: »So läuft die Sache nicht, Freundchen. Das ist unser Grundstück. Also erteilen wir den Auftrag. Sie machen nur Zahlemann & Söhne.«

Fred hatte schon viel gehört, aber bei dieser Logik fiel ihm nichts mehr ein. Er zuckte mit den Schultern und ging. Am nächsten Tag machte er sich daran, auf seinem Flurstück einen Baum auszugraben, der der geplanten Zufahrt im Weg stand. Wenig später erhielt er Post von einem Anwalt: »Bei Ihren unsachgemäßen Grabungsarbeiten haben Sie einen Grenzstein verrückt. Gemäß dem Vermessungs- und Liegenschaftsgesetz sowie auch unmittelbar aus dem nachbarschaftsrechtlichen Gemeinschaftsverhältnis haften Sie für die für die amtliche Neueinmessung der Grundstücksgrenze erforderlichen Kosten. Bitte überweisen Sie 1500 Euro innerhalb einer Woche auf das angegebene Konto.«

Fred tat nichts dergleichen, und so kam die Sache vor Gericht. Der Richter runzelte missmutig die Stirn: »Angenommen, der Beklagte hat tatsächlich den Grenzstein verrückt – wofür allerdings noch kein Beweis angetreten wurde –, so ist derzeit nicht erkennbar, wozu bei einem erst kürzlich vermessenen Grundstück ein neuer Grenzstein gesetzt werden muss. Es kann sich also nur um eine Klage auf zukünftige Leistung handeln. Eine solche Klage ist jedoch nur zulässig, wenn die Besorgnis gerechtfertigt ist, dass sich der Schuldner der rechtzeitigen Leistung entziehen wird. Zu einer solchen Annahme wurde nichts vorgetragen. Ich kann nur empfehlen, die Klage zurückzunehmen.« Und so geschah es denn auch.

Fred rannte spornstreichs nach Hause zu Sonja und dem kleinen Baby, um die frohe Kunde zu überbringen. Am nächsten Tag fand er einen Zettel im Briefkasten.

Darauf stand: »Gestern haben Sie unser Gartentor unsachgemäß geschlossen und es dabei stark beschädigt. Hiermit mache ich Schadensersatz in Höhe von 2 500 Euro geltend. Frau Margarita.«

Fred rieb sich über seine Stirn und sah sorgenvoll zu dem mit verrostetem Maschendraht bespannten Gartentor vorn an der Straße, das quietschend im Wind hin und her schwang.

ALS DAS ZOPFTRAGEN NOCH PFLICHT WAR

Die Polizei hat es nicht leicht. Wie schwer der Dienst sein kann, zeigte sich beispielsweise in Darmstadt bei einer ordnungsgemäß angemeldeten Demonstration gegen Wohnungsnot und die Räumung besetzter Häuser. 200 Beamte waren aufgeboten worden, weil die Polizeiführung mit mehreren tausend Kundgebungsteilnehmern gerechnet hatte. Es kam schließlich ein einziger Demonstrant. Anderthalb Stunden lang lief der Mann mit einem Transparent durch die Innenstadt. Ihn begleiteten ein Dutzend Ordner und mehrere Polizeifahrzeuge mit Blaulicht. Es muss schließlich alles seine Ordnung haben.

Wie wichtig Ordnung für einen Polizisten ist, durfte auch der 26-jährige Oliver erfahren. Er war Polizeikommissar zur Ausbildung und wurde im uniformierten Dienst eingesetzt. Wenn er auf der Straße patrouillierte, drehten sich die jungen Mädchen nach ihm um und schickten ihm anerkennende Pfiffe hinterher. Dafür gab es einen guten Grund: Oliver hatte schöne lange, schwarze Haare, die er in einem Pferdeschwanz bündelte.

Das missfiel seinem Vorgesetzten Diethart, dem Leiter der Bereitschaftspolizei. Unter Hinweis auf ein Rundschreiben des Ministeriums des Innern wies er Oliver an, sein Haupthaar binnen einer Woche mindestens bis auf Hemdkragenlänge zu kürzen. Doch sein

Untergebener tat nichts dergleichen. Oliver wurschtelte seine Haare zu einem Dutt zusammen, den er unter die Mütze stopfte. Jetzt zeigten staunende Passanten mit Fingern auf ihn.

In einem Gespräch unter vier Augen machte Diethart dem Polizeikommissar z. A. ein Angebot, das dieser nicht ausschlagen konnte, mehrfach fiel das Wort »Entlassung«. Missmutig verließ Oliver das Dienstzimmer, ging zum Friseur am Marktplatz und ließ sich dort einen beamtengerechten Haarschnitt verpassen.

Wenig später reute den hoffnungsvollen Polizisten diese übereilte Handlung. Er reichte Klage bei Gericht ein und begehrte die Feststellung, dass die Weisung zum Kahlschlag rechtswidrig gewesen war.

Aber die Richter waren altmodische Menschen mit verschrobenen Ansichten von Zucht und Ordnung sowie kurzen militärischen Haarschnitten. Das Tragen eines Zopfes hielten sie für eine persönliche Extravaganz, die dem Ziel eines einheitlichen Erscheinungsbildes der Polizei nicht gerecht wird. Deshalb hieß es im Urteil: »Jeder Polizist muss bei der Ausübung seines Dienstes in einer Form auftreten, die den polizeilichen Auftrag der Gewährleistung der inneren Sicherheit glaubhaft verkörpert.«

So ändern sich die Zeiten. Im Jahr 1787 bestand in Preußen die Amtstracht der Polizei aus einem grauen Rock mit goldenem Abzeichen, hellen Unterkleidern, einem schwarzen Hut mit Kokarde sowie einem Degen mit goldenem Portepee. Damals war das Zopftragen Pflicht.

UMZUG OHNE ORTSVERÄNDERUNG

Als in Entenhausen die Postfiliale geschlossen wurde, schimpften viele Leute. Bauer Lindemann störte es nicht die Bohne. Er erledigte seine Korrespondenz per Fax oder E-Mail. Und seitdem die Grenze weg war, verschickte sowieso kein Mensch mehr Päckchen mit Kaffee und Seife.

Bauer Lindemann bedauerte es hingegen sehr, als die »Lindenschänke« dichtmachen musste. Kurioserweise hatte seine Gattin kein Problem damit. So verschieden sind die Menschen.

Und dann kam der Aufschwung. Ein Investor errichtete einen riesengroßen Wohnpark auf dem Acker vom Kleinschmidt Jupp. Statt auf wogende Getreidehalme blickte Bauer Lindemann nun von seinem Stubenfenster aus auf zahlreiche kleine Häuschen und viele bunte Autos.

Eines Abends, Bauer Lindemann saß auf der Bank im Hof und kraulte seiner Tigerkatze den Hals, piepte das Faxgerät. Die Nachricht kam von Tante Luise, die auf der anderen Straßenseite wohnte. Sie hatte am schwarzen Brett einen Anschlag der Verwaltung gelesen. Darauf stand, dass der Gemeinderat im Zusammenhang mit dem Wohnpark die Neuzuteilung von Hausnummern beschlossen hatte. Danach wohnte Bauer Lindemann nicht länger in der Dorfstraße 18, sondern nunmehr in der Dorfstraße 117. Er war umgezogen, ohne sich vom Fleck zu bewegen.

Bauer Lindemann schickte erbost eine E-Mail an den Bürgermeister. Darin stand Folgendes: »Ich habe seit 21 Jahren meine jetzige Hausnummer und will sie behalten. Es ist die schönste, kunstgeschmiedete Anlage in der Gemeinde. Sie trägt zur Verschönerung des Ortsbildes bei.«

Die Antwort der Gemeinde wurde durch einen Boten gebracht. In dem Brief stand: »Ihre Nachricht vom Soundsovielten wurde als Widerspruch gewertet, der zurückgewiesen wird.« Von einer etwaigen Übernahme der zu erwartenden Kosten stand kein einziges Wort in dem amtlichen Schreiben, aber es enthielt eine Rechtsmittelbelehrung.

Bauer Lindemann befolgte den ihm dort erteilten Rat und reichte Klage ein. Ihm war nämlich noch ein weiteres Argument eingefallen: »Mein Haus liegt überhaupt nicht im Bereich des Wohnparks, sondern grenzt nur an ihn. Es besteht deshalb überhaupt kein Anlass für eine mit Kosten verbundene Änderung meiner Hausnummer.«

Aber mit Logik allein hat man vor Gericht schlechte Karten. In dem abweisenden Urteil hieß es: »Die Zuteilung einer neuen Hausnummer steht im Ermessen der Gemeinde. Sie dient der Vermeidung von Orientierungsschwierigkeiten und ermöglicht das Auffinden einer Wohnung. Die Gemeinde kann nicht darauf beschränkt werden, das Grundstück des Klägers von der Umnummerierung verschont zu lassen.«

Da es bekanntlich nichts Schlechtes ohne auch etwas Gutes gibt, zerbricht sich Bauer Lindemann nun den Kopf, worin diesmal für ihn der Vorteil liegen könnte.

ANGIES ALIMENTE

Was sich liebt, das neckt sich. Und was sich nicht mehr liebt, fängt an zu streiten – um Geld, die Kinder, den Wagen, das Segelboot, die Wohnung, die Waschmaschine usw. Bei solchen Kämpfen wird gerne von einem Ehekrieg gesprochen. Wie bei einem richtigen Gefecht gibt es Ablenkungsmanöver, überraschende Attacken, Frontbegradigungen, Nebenkriegsschauplätze, Waffenruhen, Pyrrhussiege und gebrochene Nichtangriffspakte.

Clemens war Manager von Beruf. Er gehörte zur Führungsriege eines Elektronikunternehmens. Als Manager lebte er in einer Art Bigamie, denn er war sowohl mit Elke als auch mit seinem Unternehmen verheiratet. Seine Ehefrau, die als Innenarchitektin arbeitete, zog in dieser Dreierbeziehung eindeutig den Kürzeren, denn manchmal sah sie ihren Gatten nur für wenige Stunden am Wochenende. Als die Kinder aus dem Haus waren, stellte sie ihrem Mann die Koffer vor die Tür.

Clemens fand das alles gar nicht so schlimm. Er mietete sich ein Apartment und bändelte mit einer Praktikantin an. Nach einem Jahr reichte er die Scheidung ein. Kurz darauf bekam er einen dreiseitigen Brief von Elkes Anwältin. Bei den Forderungen, die dort gestellt wurden, war eine unverschämter als die andere. Elke wollte das Haus, die Skihütte, beide Autos, das Sparkonto, die Wertpapiere und den Hund. Angebote gab es keine.

Der Waffengang begann. Auf leichte Scharmützel folgten blutige Schlachten. Nach mehreren Siegen und etlichen Niederlagen auf beiden Seiten wurden die Parteien kriegsmüde. Ein strittiger Punkt nach dem anderen konnte geklärt werden. Elke sollte das Eigenheim, die Bundesschatzbriefe, den Kombi sowie Angie, den Labrador, bekommen, Clemens den Rest. Doch, als der Pakt verbrieft und gesiegelt werden sollte, legte Elke noch einmal nach: »Ich fordere Unterhalt!«

»Wofür Unterhalt?«, wunderte sich ihr Noch-Ehemann. »Du verfügst über ein ausreichendes Einkommen.«

»Für Angie!«, entgegnete seine ehemalige Jugendfreundin triumphierend. »Ich nehme den Köter, dafür will ich 100 Piepen im Monat!«

Clemens war des Streitens überdrüssig. Er stimmte seufzend zu und verpflichtete sich in einem gesonderten Vertrag, bis zum Ableben des Hundes einen monatlichen Pauschalbetrag in Höhe von 100 Euro zu zahlen.

Vier Jahre und 5 000 Euro später fand Clemens, dass er nun genug Tierliebe bewiesen hatte und kündigte den Unterhaltsvertrag. Elke zog vor Gericht. Angies Alimente beschäftigten zwei Instanzen. Die Richter am Oberlandesgericht meinten schließlich, dass es zwar keinen originären Rechtsanspruch auf den Erhalt von

Hundesunterhalt geben würde, aber darauf käme es gar nicht an: »Es gilt der alte Rechtsgrundsatz Pacta sunt servanda (Verträge sind einzuhalten). Eine einseitige Kündigung wäre nur aus wichtigem Grund möglich. Dazu wurde aber nichts vorgetragen. Der Beklagte ist daher an die Vereinbarung gebunden. Sie kann nur einvernehmlich aufgehoben oder geändert werden.«

Clemens musste die Alimente für Angie weiterzahlen. Kindesunterhalt wird ganz allgemein als Vergnügungssteuer bezeichnet. Was aber ist Hundesunterhalt?

KEIN UMGANGSRECHT MIT BEELZEBUB

Als ranker und schlanker Student im Jahre 1960 (damals gab es während der Vorlesungen noch Sitzplätze für alle Hörer) kam Florian neben der wunderschönen Sigrun zu sitzen, deren weizenblonde Zöpfe weithin erdnah und naturverbunden leuchteten. »Holde Maid, hast du heute für mich Zeit?«, lispelte Florian verlegen. Ein schamhaftes Erröten war die Antwort. Die beiden heirateten einige Monate darauf, denn Sigrun duldete keinen Schweinskram vor der Hochzeit. »In der Woche zwier, schadet weder ihm noch ihr«, soll einst Martin Luther befunden haben, aber bei Florian und Sigrun spielte sich wesentlich weniger ab, und bald war Weihnachten öfter.

Fünf Jahre darauf fand Florian die Antwort auf seine bange Frage, was denn mit ihm anders sei als mit anderen Männern. Als Referendar in der Stadtverwaltung erlebte er sein Comming-out mit einem jungen Abteilungsleiter. Seiner Ehe schien diese jähe Wendung in der geschlechtlichen Fixierung nicht zu schaden, lange Zeit jedenfalls nicht.

30 Jahre später verlangte Sigrun die Scheidung. Florian fiel kein vernünftiger Grund ein, weshalb er sich diesem Ansinnen verweigern sollte, denn seit der Erfindung von Waschmaschine, Geschirrspüler,

Mikrowellengerichten, ausländischen Putzfrauen und 60 verschiedenen Fernsehprogrammen konnte er sich ein Leben ohne wandelnden Vorwurf auf zwei Beinen sehr gut vorstellen.

Florian war die Karriereleiter weit nach oben geklettert. Er verfügte über ein solides Einkommen und ein gut gefülltes Bankkonto. Sigrun verlangte 277 000 Euro als Zugewinnausgleich, die Hälfte seiner Ersparnisse. Beim Scheidungstermin, unter Ausschluss der Öffentlichkeit, legte Florian ein Geständnis ab: »Hohes Gericht, ich wurde von einem gemeinen Halsabschneider erpresst. Er drohte mich ob meiner gleichgeschlechtlichen Neigungen öffentlich bloßzustellen und zu ruinieren. 281 000 Euro habe ich ihm nach und nach in den Rachen geschoben. Von meinen Ersparnissen ist mir nur noch ein kläglicher Rest in Höhe von rund 27 0000 Euro geblieben.«

»Er lügt wie gedruckt, dieser perverse Saukerl«, schrie Sigrun dazwischen. »Er hat sich zusammen mit seinem Lotterbuben ein Haus in Südfrankreich gekauft.«

»So wahr mir Gott helfe, dieser Vorwurf ist erstunken und erlogen«, erwiderte Florian treuherzig und legte die rechte Hand auf die linke Brust.

Der Richter meinte zu diesem Schwur: »Möglicherweise handelt es sich bei der Schilderung des Antragsgegners um eine Erfindung. Dann wäre es aber Sache der Antragstellerin gewesen, ihre anderweitigen Vermutungen zu belegen. Nach dem Vortrag des Antragsgegners hat er unter Druck gehandelt, um einen Schaden und gesellschaftlichen Nachteil für sich und für die Antragstellerin abzuwenden. Ihr stehen daher nur 135 000 Euro an Zugewinnausgleich zu. Noch weitere Fragen?«

»Ja, Euer Ehren«, meldete sich Florian zu Wort. »Wir haben einen Hund, einen schwarzen Pudel namens Beelzebub, genannt Bübchen, stubenrein und wohlerzogen. Meine Frau will ihn behalten. Ich fordere ein Umgangsrecht.«

Der Richter winkte ab: »Ein Umgangsrecht kommt nur bei gemeinsamen Kindern in Betracht. Ein Haustier ist dem Hausrat zuzurechnen. Eine Umgangsregelung könnte Streitigkeiten zwischen den Parteien provozieren und ist deshalb abzulehnen.«

Florian runzelte die Stirn und überlegte. Aßen Franzosen nur Frösche, oder aßen sie auch ausnahmsweise Hunde deutscher Pensionäre?

7. Kapitel

KÖRPERVERLETZUNG

WESHALB WILLY AUF SEINEM HOCHZEITSFOTO NICHT LÄCHELT

Arno, der Wirt der »Stumpfen Ecke«, war ein Mann wie ein Bär. Er brachte 120 Kilogramm auf die Badezimmerwaage und überragte mit einer Größe von 1,95 Metern die meisten seiner Gäste. In seiner Schänke hatte es noch nie ernsthaften Ärger gegeben. Sobald die Stimmen lauter wurden, und die Stühle schurrten, legte er dem am lautesten schreienden Streithammel seine kohlenschaufelgroße Hand auf die Schulter, und es zog wieder Ruhe ein.

An einem Freitag im August hängte Arno ein Schild mit der Aufschrift »Wegen Familienfeier geschlossen« an die Kneipentür und kletterte in seinen Kleinbus. Die Fahrt ging nicht weit, nur bis an den Ortsrand zum Fußballplatz. In der Sportlerklause feierte sein Freund Willy Polterabend. Es würde eine feuchtfröhliche Feier werden, so viel stand fest. Arno hatte vorsorglich sein Fahrrad in den Bus gepackt. Er wollte keinesfalls als Alkoholsünder in eine Polizeikontrolle geraten, auch wenn die Gefahr dazu auf dem flachen Land gering war. Arno ging noch einen Schritt weiter. Er händigte Ilona, der Kellnerin der Sportlerklause, seine Autoschlüssel aus. Nun konnte nichts mehr schief gehen. Um 19 Uhr zischte der Wirt sein erstes Bier. Ein gemütlicher Abend begann.

Am nächsten Morgen wurde Arno durch lautes Klopfen wach. Draußen vor der Tür standen mehrere Männer mit schwarzen Lederjacken und Schirmmützen auf den Köpfen. Sie machten ernste Gesichter.

Einige Monate später stand Arno vor Gericht. »Euer Ehren«, verteidigte er sich, »ich kann mich beim besten Willen nicht daran erinnern, was sich am Ende des Abends ereignet haben soll.«

Der Richter fragte: »Bestreiten Sie, dass Sie dem Zeugen Willy gegen ein Uhr morgens um den Hals gefallen sind und ihn küssen wollten? Und als er Sie dann von sich stieß, ihm drei Schneidezähne ausgeschlagen haben?«

»Ich leugne gar nichts. Ich weiß es bloß nicht mehr. Ich war völlig betrunken.«

»Aber der Zwischenfall mit dem Zeugen Bertram wird Ihnen doch noch im Gedächtnis haften geblieben sein?«

»Nein, da klafft in meiner Erinnerung ein tiefes schwarzes Loch.«

»Haben Sie dem Zeugen Bertram, als er dem Zeugen Willy zu Hilfe eilen wollte, mit einem gezielten Faustschlag das Nasenbein zertrümmert?«

»Schon möglich, dass ich ihm einen kleinen Klaps gegeben habe«, seufzte Arno.

Doch der Richter war noch nicht fertig. »Wie steht es mit dem Zeugen Kai, dem Sie danach ein blaues Auge geschlagen haben sollen?«

»Kann sein. Ich war ordentlich angetütert.«

»Wieviel hatten Sie getrunken?«

»Erst so fünf oder sechs halbe Liter Bier. Später dann Weinbrand-Cola, zehn bis zwölf Becher.«

»Angeklagter, das verstehe ich nicht«, insistierte der Staatsanwalt, »an Ihre Straftaten können Sie sich angeblich nicht erinnern, aber an die Trinkmengen? Das klingt wenig glaubhaft.«

Arno hob die Hände. »Das weiß ich aus Erfahrung. Nach fünf, sechs Bier und zehn, zwölf Cola mit Geschmack habe ich immer einen Blackout.«

»Gestehen Sie also?«

»Das muss ich doch wohl. Wenn meine Kumpels sagen, das war so, dann ist es so gewesen. Es wird doch schließlich einen Grund dafür geben, dass mein Freund Willy auf keinem seiner Hochzeitsfotos lächelt.«

Wirt Arno erhielt eine Geldstrafe in Höhe von 2 100 Euro.

ÜBER DIE GEFÄHRLICHKEIT DES WÜRFELSPIELS

Schräg gegenüber vom Dorfplatz mit dem großen Stein in der Mitte stand das »Deutsche Haus«. Die ehemalige HO-Clubgaststätte hatte früher »Völkerfreundschaft« geheißen. Die Sprelacarttische, die Geweihe hinter dem Tresen und die Spielerlisten der Skat-, Kegel- und Fußballvereine an den Wänden waren ebenso geblieben wie die meisten Gäste. Das Publikum sah noch wie vor 20 Jahren aus: harte Männer in Arbeitssachen, die sich den Staub der Straße herunterspülten. Nur die Pressformgläser hatte die neue Zeit durch goldumrandete Bierpokale ersetzt.

An einem heißen Abend im August betrat der Werkzeugschleifer Gustav das Etablissement und setzte sich zu seinen Kumpels Kutte und Kalle an den Tisch. Weil an diesem Abend keine anderen Gäste auf Bedienung warteten, gesellte sich Fabius, der Wirt, zu ihnen. Fabius war nur 1,65 Meter groß und rund wie eine Kugel. Passend zum geänderten Gaststättennamen trug er einen Kaiser-Wilhelm-Bart. Ab und zu erhob sich der Kneipier und rollte (eher als dass er ging) in Richtung Tresen, um Nachschub in Form von vier Mollen und vier Kurzen zu holen.

Das Quartett vertrieb sich die Zeit mit »Schummelmäx«. Bei diesem Würfelspiel kommt es weniger auf Glück, sondern mehr auf ein aggressives schauspielerisches Talent an. Es gilt, einerseits wie ein Unschuldslämmchen bei den Ansagen zu lügen, dass sich die

Balken biegen, und andererseits die Wahrheit wie die übelste Flunkerei aussehen zu lassen. Aus diesem Grund eignen sich speziell Frauen für dieses Spiel, aber das ist eine andere Geschichte.

Gustav musste am späten Abend mit 2,5-Promille intus feststellen, dass zu viel Alkohol beim Fabulieren kontraproduktiv wirkt. Die Zunge lag bleiern in seinem Mund und wollte ihm nicht mehr recht gehorchen. Er brachte ständig die Zahlen durcheinander und verlor ein Spiel nach dem anderen. Schließlich kam es wegen der Bezahlung der Zeche zu Streitigkeiten. Gustav begann den Wirt als Halsabschneider zu beschimpfen, der ihn daraufhin nach draußen komplimentierte. Fünf Minuten später kehrte der Trunkenbold zurück und betete sämtliche ihm bekannten Tiernamen herunter. Der Kneipier packte ihn am Schlafittchen und drohte, ihm eine zu knallen. Die Antwort von Gustav lautete: »Pottsau!«

Daraufhin versetzte ihm sein Kontrahent mit der rechten flachen Hand einen Schlag ins Gesicht. Der Werkzeugschleifer fiel hin, schlug mit dem Hinterkopf auf dem Zementfußboden auf und blieb bewusstlos liegen. Fabius rief den Notarzt. Gustav starb drei Tage später im Krankenhaus. Durch den Sturz hatte er sich eine Fraktur der rechten hinteren Schädelgrube mit einem Einriss der harten Hirnhaut zugezogen.

Fabius kam vor Gericht und wurde einer vorsätzlich begangenen Körperverletzung für schuldig befunden, aber wegen der außergewöhnlichen Umstände für straffrei erklärt. Allerdings wurde er verpflichtet der Versicherung von Gustav die Hälfte der Aufwendungen zu ersetzen, die diese der Witwe und den Halbwaisen des Verstorbenen zu zahlen hat, und zwar Monat für Monat, Jahr für Jahr.

Fabius schickte die Rechnungen an seine Haftpflichtversicherung weiter. Aber die CBA-Assekuranz verweigerte die Zahlungen mit der Begründung, dass er laut

Gerichtsurteil den Schaden vorsätzlich herbeigeführt hätte. Fabius reichte Klage ein.

Das Gericht befand: »Was ähnlich klingt, muss nicht gleich sein. Die Kausalität zwischen Ohrfeige, Sturz und Tod liegt zwar vor, doch eine vorsätzliche Herbeiführung des Schadens käme nur in Betracht, wenn der Kläger mit seinem Schlag den Tod des Opfers erreichen wollte. Für eine solche Vorstellung fehlt jedoch jeder Anhaltspunkt.«

Die CBA-Versicherung muss statt des Bierwirts die Hälfte der Witwen- und Halbwaisenrente tragen. Seitdem ist Fabius ein Anhänger der Kasuistik, also der Kunst der spitzfindigen Haarspalterei. Und »Schummelmäx« steht im »Deutschen Haus« als extremes Gewaltspiel auf dem Index.

HAMMERSCHLAG-FREQUENZMODULATOREN MIT INTEGRIERTEM W-LAN-BASSVERSTÄRKER

Als vor einiger Zeit in der riesengroßen Stadt Berlin am riesigen Alexanderplatz ein riesenhaftes Warenhaus eröffnet wurde, drängten sich kurz vor Mitternacht Zigtausend schlaflose Menschen vor den Türen. Sie waren in der irrigen Hoffnung gekommen, ein sattes Schnäppchen machen zu können: Die Werbung versprach neben Wasserkochern für sensationelle zehn statt für langweilige 15 Euro auch die beliebten Hammerschlag-Frequenzmodulatoren mit integriertem W-LAN-Bassverstärker, beleuchtete Stullenbrettchen sowie Fernseher für die Hosentasche mit einer sagenhaften Zwei-Zentimeter-Bildschirmdiagonale – und alles zum halben Preis!

Das war Ansporn genug, sich zu nachtschlafender Zeit inmitten einer tosenden Menge über blockierte Rolltreppen nach oben zu hangeln. Wer da nicht zügig mithalten konnte, wachte im Krankenhaus wieder auf. »Es fing schon an zu tagen, als er sein Heim erblickt.

Das Hemd war ohne Kragen, das Nasenbein zerknickt. Das rechte Auge fehlte, das linke marmoriert. Aber dennoch hat sich Bolle janz köstlich amüsiert«, heißt es passend zu diesem unvergesslichen Ereignis in einem uralten Berliner Gassenhauer.

Doch wer auf Ärger aus ist, muss nicht auf die Eröffnung eines Kaufhauses warten. Köchin Gerda zum Beispiel, der man die Liebe zum Beruf an ihren üppigen Körperformen ablesen konnte, hatte sich vor einem Supermarkt postiert, weil es dort im Sonderangebot preisgünstige Bahnfahrkarten geben sollte. Es war wie zu guten alten DDR-Zeiten, wenn im Reisebüro Auslandsreisen ins ach so ferne Bulgarien angeboten wurden. Hunderte Bürger in mausgrauen Windjacken, mit Honecker-Hütchen, bunt gemusterten Dederonbeuteln und Plastikturnschuhen harrten geduldig bei Wind und Wetter aus. Taschenflaschen kreisten, Pausenbrote wurden gemampft und dichter Zigarettenqualm hüllte alles ein.

Mitten in diese Idylle platzte Blumenbinderin Henrike, die wie eine Zwillingsschwester der Köchin wirkte. Die Floristin versuchte sich mit der fadenscheinigen Begründung, dass vorne, in 500 Metern Entfernung, ihr guter Mann ihrer harre, an der kapitalistischen Wartegemeinschaft vorbeizuquetschen.

Das war kein leichtes Unterfangen, weil sich plötzlich die Glieder der Ausharrenden versteiften und Taschen, Gehstöcke, Kleinkinder und Rollis den Weg versperrten. Bei Gerda biss sie dann völlig auf Granit. Die resolute Dame fuhr ihren Ellenbogen aus, dass Henrikes Rippenbögen nur so krachten. Das übrige Volk rückte murrend zusammen, bildete eine solidarische Einheitfront und stoppte den Vormarsch der skrupellosen Dränglerin.

Eine Stunde später war alles vorbei. Gerda war leer ausgegangen. Nicht so Henrike. Ihr trefflicher Gatte ganz vorn in der Schlange hatte doch tatsächlich fünf der heiß begehrten Fahrkarten ergattert!

An einer Bushaltestelle in der Nähe folgte der nächste Akt. Die Blumenbinderin wedelte mit ihrer papiernen Jagdbeute der frustrierten Köchin triumphierend vor der Nase herum. Das löste bei jener einen starken Anfall von invidia sociales aus, jener schrecklichen Krankheit, die zu gut Deutsch Sozialneid genannt wird. Gerda trat Schaum vor den Mund, sie begann wie ein Dampfkessel unter Überdruck zu pfeifen, ihre Gesichtsfarbe wechselte ins Ultraviolette, und dann entlud sich der Vulkan, der unter ihrer beachtlichen Oberweite brodelte. Henrike bekam einen Satz warmer Ohren. Im Handumdrehen war die schönste Klopperei im Gange. Das Publikum klatschte begeistert Beifall. Wann gibt es schon einmal Damenringkampf in aller Öffentlichkeit zu sehen, und dazu noch kostenlos? Insofern hatte sich die vergebliche Schnäppchenjagd im Morgengrauen doch noch gelohnt.

Gerda gewann den Kampf klar nach Punkten, schließlich hatte sie das Überraschungsmoment auf ihrer Seite gehabt – und musste die Zeche bezahlen. »Unglaublich, wie erwachsene Leute aus nichtigem Anlass ausrasten können«, konstatierte kopfschüttelnd der Richter und verhängte eine Geldstrafe in Höhe von 450 Euro. Seitdem ist Gerda noch geiziger geworden und geht nicht mehr auf Schnäppchenjagd.

VOM KLEINTRANSPORTER ÜBERROLLT

An einem Dienstagvormittag fuhr der 38-jährige Manuel mit seinem Kleintransporter in Richtung Gewerbegebiet. Ihn begleiteten Andreas und Diemo, zwei Bekannte, die, so wie er, arbeitslos und äußerst knapp bei Kasse waren. Ihr Ziel war der Betriebshof einer Spedition, den Manuel einige Tage zuvor ausgekundschaftet hatte: »Die Laster fahren morgens los und kommen erst abends zurück. Das Tor steht offen, das Gelände wird nicht bewacht. Wir fahren auf den Hof, laden Paletten und Gitterboxen auf den Transporter und pfeifen wieder ab. Das bekommt kein Mensch mit und dauert höchstens fünf Minuten. Den Ramsch verscheuern wir später bei Paletten-Paule. Das bringt zwar nicht die Welt, aber Kleinvieh macht auch Mist.«

Planung ersetzt den Zufall durch Irrtum. So war es auch in diesem Fall. Kaum hatte das Trio die ersten Paletten vom Stapel gezogen, kam Kraftfahrer Horst mit seinem Lkw auf den Betriebshof gebraust. Er sah auf den ersten Blick, dass da etwas faul war und drückte auf die Hupe. Die Tür vom Büro flog auf, und der 71-jährige Rudolf, der Firmenchef, kam herausgestürzt.

Manuel erstarrte zur Salzsäule, seine Kumpels Andreas und Diemo erfassten den Ernst der Lage. Sie gaben Fersengeld.

»Halt, stehenbleiben!«, schrie Rudolf. Horst rollte mit seinem Laster zur Hofeinfahrt, um den Fluchtweg abzuschneiden.

Manuel sprang in den Kleintransporter, startete, trat das Gaspedal durch, fuhr ein Stück rückwärts, wendete und wollte in Richtung Ausgang fahren, als plötzlich der Firmenchef mit ausgebreiteten Armen vor seinem Wagen stand. Dann gab es einen dumpfen Knall. Der alte Mann hing halb über der Motorhaube, halb an der Windschutzscheibe. Dort blieb er ein, zwei Sekunden kleben, bis er herunterrutschte. Sein rechtes Bein wurde vom linken Vorderrad des Kleintransporters erfasst, das ihn unter den Wagen zog. Rudolf fiel auf den Boden. Vorder- und Hinterrad überrollten außer dem Bein auch noch seinen Rumpf und das linke Schulterblatt.

Kraftfahrer Horst stand mit seinem Laster an der Hofeinfahrt. Als er sah, was sich da gerade abspielte, zögerte er nicht. Er rammte den Kleintransporter in dem Moment, als dieser den Hof verlassen wollte. Der Wagen wurde gegen einen am Fahrbahnrand abgestellten Pkw geschoben und eingekeilt. Manuel gab Vollgas.

Blech knirschte auf Blech. Glas und Plastik splitterten. Der zerbeulte Kleintransporter kam frei, schlingerte von links nach rechts und preschte davon.

Manuel wurde wenige Stunden später festgenommen, aber er hatte Glück im Unglück: Der schwerverletzte Rudolf überlebte. So blieb dem erfolglosen Palettendieb eine Mordanklage erspart. Und er hatte noch mehr Glück. Das Gericht sah noch nicht einmal einen Tötungsvorsatz als erwiesen an. In dem Urteil hieß es: »Bei besonders gefährlichen Verhaltensweisen, wie es das Mitschleifen eines Menschen an einem beschleunigenden Kraftfahrzeug darstellt, liegt es nahe, dass der Täter auch mit der Möglichkeit rechnet, das Opfer könne dabei zu Tode kommen. Dem Angeklagten war jedoch ein gezieltes Zufahren auf den Geschädigten nicht nachzuweisen.«

Manuel wurde deshalb »nur« zu einer Freiheitsstrafe von vier Jahren und vier Monaten sowie zum Entzug der Fahrerlaubnis verurteilt.

WIR LEBEN NICHT IM WILDEN WESTEN

Der 24-jährige Benedikt wohnte sehr verkehrsgünstig – gegenüber einer Tankstelle. Wenn ihm zu später Stunde Bier oder Zigaretten ausgingen, lief er in Morgenmantel und Badelatschen auf die andere Straßenseite und holte sich am Nachtschalter den erforderlichen Nachschub. Die Schattenseite war eine mehrköpfige Bande, die sich nach einem Kleinwagen deutscher Produktion »XY-Car-Gang« nannte. Die Nichtsnutze in Benedikts Alter lungerten zu allen Tages- und Nachtzeiten an der Tankstelle herum, ließen die Motoren dröhnen und ihre Stereoanlagen wummern. Schon mehrfach war es zu Rempeleien gekommen, weil Ben weder ein anständiges Auto fuhr noch Designer-Turnschuhe trug.

An einem Abend im August versiegte bei Ben mitten in einem Western mit John Wayne der Biervorrat. Vorsorglich nahm er einen Feldstecher zur Hand und suchte das Tankstellengelände ab. Die Luft war rein. Ben erledigte seine Besorgungen mit einem geblümten Dederonbeutel (ein praktisches Geschenk seiner Mutter).

Als er die Tankstelle wieder verließ, rasten drei Autos der Car-Gang auf den beleuchteten Platz. Mehrere junge Männer umringten Ben, der sich hilflos umsah. Der Tankwart wendete sich demonstrativ ab und begann Zeitschriften zu ordnen. Er wollte keinen Ärger.

Carsten, der Anführer der Bande, meinte: »Früher, in der Schule, haben wir einen Idioten aus meiner Klasse mit dem Hintern in den Papierkorb gesteckt. Er konnte sich nicht mehr allein daraus befreien.« Mit großem Hallo schnappten sich seine Kumpels den zitternden Ben und drückten ihn rücklings mit aller Macht in einen der betonierten Abfallbehälter mit schwarzem Plastikeinsatz.

Ihr Opfer ruderte vergeblich mit Armen und Beinen. Erst nach zehn Minuten befreite ein furchtloser Autofahrer den jungen Mann aus seiner misslichen Lage. Tief gedemütigt schlich Ben nach Hause. Aus dem Dederonbeutel tropfte das Bier aus zerbrochenen Flaschen. In seiner Wohnung schaltete Ben den Videorekorder ein. John Wayne wäre eine solche Schmach nicht widerfahren. Der hätte die Sache mit rauchenden Colts bereinigt.

Ben sprang auf. Das war die Idee! Auch er war bewaffnet und gefährlich. Ben nahm sein Luftgewehr von der Wand, lud durch, öffnete das Fenster und feuerte. Der erste Schuss verpasste einem Auto der Car-Gang an der Beifahrertür eine Delle. Die Bandenmitglieder bekamen davon nichts mit, denn ihre Bassbooster verbreiteten zu viel Lärm. Der zweite Schuss traf Carsten schmerzhaft am Bein. »Mich hat eine Scheiß-Biene gestochen«, schrie er wütend. Gleich darauf begann einer seiner Kumpels zu hüpfen, Sekunden später der nächste. Carsten schaute sich um und erblickte Ben am Fenster. Wenig später traf die Polizei am Tatort ein und beschlagnahmte das Luftgewehr sowie eine Schreckschusspistole.

Vor Gericht leugnete Ben die Schüsse, berichtete aber, was ihm widerfahren war. Der Richter schüttelte nur den Kopf: »Selbst wenn das stimmen würde, hätte es Sie in keiner Weise berechtigt, zum Gewehr zu greifen. Sie sind schuldig der Sachbeschädigung und der gefährlichen Körperverletzung in drei Fällen.«

Da Ben bereits vorbestraft war, erhielt er sechs Monate Haft ohne Bewährung. Wir leben schließlich nicht im Wilden Westen. Jedenfalls nicht in jeder Beziehung.

ARTHUR, DER TODESENGEL

Eine bekannte Zeichentrickfilmserie aus früheren Zeiten hieß »Arthur der Engel«. Hier soll von einem ganz anderen Arthur die Rede sein. Der 74-jährige Rentner dieses Namens wirkte wie der nette, freundliche Opa von nebenan. Der äußere Anschein trog.

Alles begann damit, dass sich Arthur von seiner Hausärztin Dr. med. Brigitta falsch behandelt fühlte. Ihn quälten starke Halsschmerzen, aber die Medikamente schlugen nicht an. Der Rentner begann, in sich hineinzuhorchen. Er stellte neue, beunruhigende Symptome fest: Herzrasen, unkontrollierte Schweißausbrüche, Harndrang. In dem alten Mann keimte ein ungeheuerlicher Verdacht. Vor geraumer Zeit hatte er von einem britischen Mediziner gelesen, der seine Patienten zu Tode pflegte, um an ihre Erbschaft zu kommen.

Bei seinem nächsten Besuch stellte Arthur seine Hausärztin zur Rede: »Sie wollen mich vergiften, geben Sie es zu!«

Die Reaktion erfolgte prompt. Der Rentner wurde vor die Tür gesetzt und bekam Hausverbot erteilt. Damit hatte er den Beweis, den er brauchte. »Getroffene

Hunde bellen«, murmelte Arthur finster und begann auf Rache zu sinnen.

Am 16. Mai hielt er den Tag der Abrechnung für gekommen. Er steckte sich ein spitzes Küchenmesser mit langer Klinge in den Ärmel und stopfte einen geladenen Trommelrevolver in die rechte Seitentasche seiner Lederjacke. So gerüstet marschierte er los.

Der Warteraum war voller Patienten, als plötzlich der wutschnaubende, grauhaarige Mann hereingestürmt kam. Die Sprechstundenhilfe, die sich ihm in den Weg stellte, bekam einen harten Stoß vor die Brust und flog beiseite. Nur einen Moment später stand Arthur vor der völlig überraschten Dr. med. Brigitta. »Nimm dies, du widerliche Giftmischerin!«, geiferte der Alte wie von Sinnen und rammte ihr die 15 Zentimeter lange Klinge des Küchenmessers in die Brust.

Mehrere Patienten und die Sprechstundenhilfe drängten ins Behandlungszimmer. Der Rentner riss den Colt aus der Tasche und feuerte drei Schuss ab, bevor er überwältigt werden konnte. Wie durch ein Wunder wurde niemand weiter verletzt.

Das Personal kümmerte sich anschließend um die Schwerverletzte und brachte sie sofort ins Krankenhaus. Dank einer sofortigen Notoperation konnte sie gerettet werden.

In der Gerichtsverhandlung empfahl der Gutachter, Arthur in einer psychiatrischen Klinik unterzubringen: »Das Wahnthema ist bei ihm noch immer unkorrigierbar vorhanden. Er hat ein gestörtes Urteilsvermögen und kann die Realität nicht erfassen. Die Tat könnte sich jederzeit wiederholen.«

Der Staatsanwalt, die Vertreterin der Nebenklage und selbst der Verteidiger folgten dieser Ansicht. Der Richter urteilte auf »nicht schuldfähig« und entschied, dass Arthur auf unbestimmte Zeit in einer geschlossenen Anstalt betreut werden soll. »Die Klinik wird den Patienten begutachten. In einigen Jahren kann der Angeklagte durchaus wieder zu einem freien Menschen werden.«

Dr. med. Brigitta hatte Glück im Unglück. Sie überlebte. Aber sie ist schwer traumatisiert und nur begrenzt belastbar. Nicht nur deshalb hat die Ärztin große Angst vor der Zukunft. Vor allem fürchtet sie sich vor einem weiteren Treffen mit Arthur, dem Todesengel.

8. Kapitel

KÜNDIGUNG, KUNSTWERKE

EIN SCHNÄPSCHEN ALS TEURES SCHNÄPPCHEN

Bekanntlich teilt sich die Gesellschaft in der Bundesrepublik Deutschland in zwei große Gruppen: Menschen, die Arbeit haben, aber keine Zeit, weil sie immer
länger arbeiten müssen. Und Menschen, die über viel
Zeit verfügen, weil sie arbeitslos sind, aber über immer
weniger gesetzliche Zahlungsmittel. Das Resultat ist
das gleiche. Beide Volksmengen würden gerne Geld
ausgeben, können es aber nicht. Es fehlt ihnen entweder
an der nötigen Muße dazu oder am Zaster – oder aber
an beidem. Eine Folge dieser Entwicklung: bekannte
Versandhändler mit klangvollen Namen müssen aufgeben, große Kaufhäuser werden geschlossen.

Sabrina arbeitete seit zwölf Jahren in einem Warenhaus in der Spirituosenabteilung. Alkohol ist zwar der
einzige Feind, den der Mensch lieben gelernt hat, aber
auch der Konsum von harten Getränken ist Trends und
Modeerscheinungen unterworfen. Jahrelang becher-
ten die Leute alle möglichen Sorten von Magenbit-
tern, um dann auf sogenannte Softdrinks umzustei-
gen. Auf Wodka folgte Whisky, und Ouzo auf Tequila.
Im Schnapsregal verwandelten sich angesagte Party-
getränke schnell zu angestaubten Ladenhütern.

In Sabrinas Abteilung gab es einfache Regeln. Sobald
der Abverkauf unter ein bestimmtes Limit sank, wurden die Produkte nicht mehr gelistet. Die Überbleib-
sel wechselten auf den Wühltisch. Nach zwei Wochen
wanderte der unverkäufliche Rest als abgeschriebene
Ware in die Tonne.

Sabrina, die bis zum Hals in den Vorbereitungen zur Jugendweihefeier ihrer Tochter steckte, fand das verschwenderisch. Sie steckte 62 Minifläschchen Duttelheber in einen Beutel und deponierte diesen in der Telefonzentrale. Dabei wurde sie von ihrer Kollegin Carla beobachtet. Carla informierte die Teamleiterin darüber. Als Sabrina zum Schichtende mit dem gefüllten Beutel in der Hand das Kaufhaus durch den Personaleingang verlassen wollte, wurde sie gestellt, durchsucht und mit dem Vorwurf des Diebstahls konfrontiert. Die fristlose Entlassung war die Folge.

Sabrina legte beim Arbeitsgericht Kündigungsschutzklage ein und argumentierte: »Die Flaschen waren abgeschrieben und damit wertlos geworden. Sie sollten fortgeworfen werden. Die Wegnahme einer Sache ohne Wert ist kein Diebstahl.«

Doch die Kaufhausleitung war anderer Meinung: »Die Klägerin hätte um Erlaubnis nachsuchen müssen. Nicht alle unverkäufliche Ware wird entsorgt. Wenn sie noch brauchbar ist, wird sie gemeinnützigen karitativen Einrichtungen zur Verfügung gestellt oder auf Betriebsfesten verwendet.«

Das Gericht hielt diese Argumentation für überzeugend und urteilte: »Ein Arbeitnehmer in einem Warenhausbetrieb muss davon ausgehen, dass er mit einem Diebstahl oder Unterschlagung auch geringwertiger Sachen im Betrieb seines Arbeitgebers seinen Arbeitsplatz aufs Spiel setzt. Eine Abmahnung ist bei einem derartigen Fehlverhalten regelmäßig nicht erforderlich.«

Ein Schnäppchen ist eben oft etwas, das mehr kostet, als es wert ist.

VERSPRECHEN ODER VERSPRECHER?

Eugen hatte einen Beruf, von dem viele andere Menschen nur träumen können: Er war als Ober-Reiseleiter ständig auf Achse. An keinem Ort hielt es ihn länger als ein paar Tage. Er fuhr von einem Hotel zur nächsten Herberge, kannte die besten Minigolf-Anlagen von Ahrenshoop bis Castrop-Rauxel und wusste, an welchem dänischen Strand der Sand am feinkörnigsten ist.

Aber Glück ist nie vollkommen. Eugen war 52 Jahre alt, hatte eine Figur wie ein Eierbecher und sein Scheitel reichte von einem Ohr bis zum anderen. »Und schlägt der Bauch auch Falten, wir bleiben doch die Alten«, versuchte er sich zu trösten, wenn er an braungebrannten Bikini-Schönheiten vorbeiflanierte.

Nach einem Meeting in Bad Saarow-Pieskow plauderte der Ober-Reiseleiter in der Schankstube des Landgasthofs mit der ihm unterstellten 25-jährigen Reiseleiterin Yvonne über »verwaltungsgerechte Innovationssubventionierung«, »gesunde Marktwirtschaftsakzeptanz« und »konsensfähige Mediendurchdringung«, als seine rechte Hand plötzlich wie von selbst ihren Platz auf dem Knie seiner Gesprächspartnerin fand.

Yvonne hatte nichts dagegen. Sie war die lustigen Rentner-Reisen in den Spreewald leid und wollte lieber auf die Kanarischen Inseln. Da ihre Karriere also durchaus einen Kick vertragen konnte, wurde die Unterhaltung später auf anderer Ebene und recht intensiv in einem Wäldchen in der Nähe vom Wirtshaus fortgesetzt.

Aber die unter zahllosen Liebesschwüren zugesagte Beförderung ließ über ein Jahr lang auf sich warten. Schließlich bat Yvonne Dr. Beeke, den Personalleiter des Reiseunternehmens, um ein Gespräch. Von ihm erfuhr sie, dass Eugens Versprechungen nur Versprecher gewesen waren. »Der Saukerl hat an mir herumgegriffelt«, sprudelte es rachsüchtig aus ihr heraus.

Dr. Beeke rieb sich die Hände. Der grabschende Ober-Reiseleiter hatte in der Firma schon lange auf der Abschussliste gestanden. Am nächsten Tag hielt er die außerordentliche Kündigung zugestellt. Begründung: »Sexuelle Belästigung«.

Eugen legte Kündigungsschutzklage ein: »Yvonne war mit den sexuellen Kontakten einverstanden. Auch ist die außerordentliche Kündigung wegen des mehr als ein Jahr zurückliegenden Ereignisses und unter Berücksichtigung meiner langen Betriebszugehörigkeit unverhältnismäßig.«

Eugen verlor den Prozess vor dem Arbeitsgericht und die Berufung vor dem Landesarbeitsgericht. In der Revision beim Bundesarbeitsgericht aber fand er schließlich Gehör. Die Richter bemängelten: »Frau Yvonne hat weder versucht, sich möglichen weiteren Attacken und Vorstößen des Klägers zu entziehen, noch ist erkennbar, warum sie dem Kläger ohne weiteres in ein Waldstück folgte und dort auf seinen Wunsch hin sogar ihre Bluse auszog.«

Der Rechtsstreit wurde an das Landesarbeitsgericht zurückverwiesen. Die Richter dort müssen nun ermitteln, ob Eugen gegen den Willen von Yvonne sexuelle Handlungen an ihr vorgenommen hatte. Nur eine intensive sexuelle Belästigung einer Kollegin gegen ihren erkennbaren Willen sei ein Verstoß gegen arbeitsvertragliche Pflichten, der eine außerordentliche Kündigung rechtfertige.

»Was wir brauchen sind nicht Abhandlungen darüber, wie man mit Sex leben kann, sondern eine Darstellung, wie man ohne ihn auskommt«, hieß es kürzlich in einem Leserbrief an den britischen Observer.

AUSGENUTZT UND ABGESTOSSEN

Der Begriff »Kielschwein« stammt aus der Seemannssprache. Er bezeichnet einen innerhalb des Schiffskörpers angebrachten Holz- oder Eisenträger zur Verstärkung des Kiels. Im übertragenen Sinne bedeutet Kielschwein (genauso wie Frontschwein oder Frontmann): Jemand, der andere mitreißt und ihnen gleichzeitig Halt gibt.

Gerhard war, als das geborene Verkaufsgenie, eine solche Person. Er hätte Kühlschränke an Eskimos, saftige Steaks an Vegetarier und Wochenendgrundstücke auf dem Mond verkaufen können. Eines Tages erhielt er einen Brief aus Griechenland. Darin stand: »Mein Name ist Perikles Piräus. Mir gehört die P & P Germany GmbH. Sie sind mir von einem gemeinsamen Bekannten wärmstens empfohlen worden. In der nächsten Woche bin ich in Deutschland. Bitte besuchen Sie mich in meinem Büro. Ich möchte Ihnen ein Angebot machen.«

Gerhard dachte, dass ein persönliches Gespräch nicht schaden könne und fuhr zu der angegebenen Adresse. Perikles Piräus war ein schwergewichtiger Mann mit öligem Haar und dunklen Tränensäcken unter den Augen. Er sagte: »Ich lasse in Griechenland Sanitärkeramik herstellen und will auf dem deutschen Markt Fuß fassen. Dazu brauche ich Ihre Hilfe, weil Sie der Beste sind. Ganz egal, wie viel Sie momentan verdienen – von mir bekommen Sie das Doppelte. Sie können gleich morgen anfangen. Als Key-Account-Manager.«

Gerhard bat sich drei Tage Bedenkzeit aus. Die Aufgabe eines Key-Account-Managers (auch Keel-Counter, also Kielschwein, genannt) bestand darin, für die Erzeugnisse des Arbeitgebers zu werben und neue Absatzmöglichkeiten zu erkunden. Ein Oberliga-Handelsvertreter sozusagen.

Gerhard reizte es, das Unmögliche möglich zu machen. Er kündigte in seiner alten Firma und unterschrieb den Arbeitsvertrag. Er bekam einen schicken Dienstwagen gestellt, ein vernünftiges Gehalt zugesichert und machte sich auf die Strümpfe. Zwei Jahre lang war er montags bis freitags deutschlandweit unterwegs. Der Key-Account-Manager verhandelte mit den Chefs großer Handelsketten und Warenhäuser, fuhr rund 200 000 Kilometer mit dem Firmenauto und lernte mehr Hotels zwischen Rhein und Oder kennen, als ihm lieb war. Sein Verkaufstalent trug Früchte. Der Umsatz der P & P Germany GmbH stieg von Null auf 4,5 Millionen Euro jährlich.

An einem heißen Sommertag erhielt Gerhard einen eingeschriebenen Brief. »Eine saftige Gehaltserhöhung für vorbildliche Pflichterfüllung«, mutmaßte er. Mitnichten. »Hiermit kündigen wir das Arbeitsverhältnis zum nächstmöglichen Zeitpunkt«, stand darin geschrieben. Gerhard stöhnte: »Der Mohr hat seine Schuldigkeit getan, der Mohr kann gehen.« Dann legte er Kündigungsschutzklage ein.

In der Verhandlung schüttelte die junge, hübsche Arbeitsrichterin nur mit dem Kopf. »Das Kündigungsschutzgesetz findet für Sie keine Anwendung. Der Beklagte beschäftigt zu wenig Mitarbeiter.«

»Aber die Kündigung ist sittenwidrig!«, entgegnete Gerhard. »Die Firma wäre ohne mich längst nicht mehr existent. Sie hat mich ausgequetscht wie eine Zitrone. Inzwischen ist sie an ihrer Kapazitätsgrenze angelangt und lässt mich deshalb fallen.«

Die Richterin: »Ich kann nachfühlen wie bitter es ist, mit 55 Jahren arbeitslos zu werden. Trotzdem kann Ihre Klage keinen Erfolg haben. Einigen Sie sich.«

Perikles Piräus bot großzügig eine einmalige Abfindung in Höhe von 2 500 Euro. Gerhard nahm zähneknirschend an und reimte frei nach Ingo Insterburg: »In Griechenland ich die Liebe am Schönsten beim Kriechen fand.«

TSCHÜSS, SCHÖNES ITALIEN

Es heißt, Italien sei ein Land, in dem es im Schatten mehr Sonnenschein gäbe als in Deutschland unter wolkenlosem Himmel. Und dort, wo das Wetter am schönsten ist, an der Riviera di Levante, der Küste der aufgehenden Sonne, arbeitete der 45-jährige Hans als Hauswirtschaftsleiter in einem Feriendorf. Die Bungalowsiedlung lag in dem kleinen Ort Camogli, unweit von Portofino und Rapallo. Durch die Seealpen und die Apenninen ist die gesamte Region vor kalten Winden aus dem Norden und dem Osten geschützt. Sie zeichnet sich deshalb durch ein sehr mildes Klima aus, in dem Früchte wie Granatäpfel, Feigen, Orangen und Zitronen gedeihen und wo die Reichen und die Schönen gerne flanieren.

Das Feriendorf gehörte einer deutschen Firma und bot Platz für 30 Gäste. Die Saison dauerte von März bis September, und in dieser Zeit arbeitete Hans von morgens um sechs bis nachts um zwölf, sieben Tage die Woche. Er war für alles verantwortlich: die Mahlzeiten, die Sauberkeit, den Einkauf, das Wäschewaschen, die Betreuung der Urlauber, etwaige Reparaturen, die Abrechnungen sowie die Anleitung von zwei Hilfskräften, einem Zimmermädchen und einem Koch.

Für seine Tätigkeit erhielt Hans rund 1500 Euro im Monat. Das war nicht viel, denn damit sollten auch die rund 1400 Überstunden, die während der gesamten Saison anfielen, abgegolten sein. Aber Rainer, der Chef in Deutschland, zeigte sich auf andere Weise großzügig: Nach dem Ende der Saison wurde das Feriendorf winterfest gemacht, Hans durfte nach Hause fahren und bis zum Saisonbeginn seine Überstunden in Deutschland abbummeln.

Im nächsten Herbst entschied sich Rainer für eine andere Verfahrensweise. Ende September flog er nach Italien und übergab seinem Hauswirtschaftsleiter einen Brief. In ihm stand: »Hiermit kündigen wir Ihnen fristlos, da Ihre Abrechnungen unkorrekt waren. Strafrechtliche Schritte bleiben uns ausdrücklich vorbehalten. Sie haben das Feriendorf sofort zu verlassen. Ihr ausstehendes Gehalt verrechnen wir mit den auf Sie entfallenden Verpflegungskostenanteil. Den darüber hinausgehenden Minusbetrag in Höhe von 376,35 Euro überweisen Sie bitte umgehend auf unser Geschäftskonto.«

Hans setzte sich in sein Auto und fuhr auf der Straße ohne Wiederkehr. Unterwegs musste er mehrfach anhalten, um sich das Gesicht trocken zu wischen. Auf die Tränen der Kränkung folgten die Tränen des Schmerzes und auf diese die Tränen der Wut. Gleich nach seiner Ankunft in seinem Heimatort in Brandenburg reichte er Klage beim zuständigen Arbeitsgericht, am Geschäftssitz von Rainers Firma im Rheinland, ein. Hans forderte die Weiterbeschäftigung, den rückständigen Lohn und 19 029,18 Euro Vergütung für die von ihm geleisteten Überstunden.

Das Arbeitsgericht setzte den Gütetermin auf einen Mittwoch Mitte Oktober fest. Hans kaufte sich eine Bahnfahrkarte, stieg in den Zug und reiste quer durch Deutschland zur Gerichtsverhandlung. Er kam umsonst. Der Termin fiel aus. Die Richterin war die Treppe heruntergefallen und hatte sich den Fuß gebrochen.

Die Güteverhandlung fand dann zwei Monate später statt. Die finanziellen Reserven von Hans waren inzwischen restlos aufgebraucht. Das Geld für die Fahrkarte musste er sich von seinem Bruder borgen.

In der Verhandlung sagte die Richterin: »Sowohl die fristlose Entlassung als auch die Forderung nach der Überstundenvergütung stehen auf tönernen Füßen. Mir fehlen bislang die Beweise. Ich schlage deshalb einen Vergleich vor. Gegen Zahlung von zwei Bruttolöhnen wird das Arbeitsverhältnis einvernehmlich beendet.«

Hans ging auf den Kuhhandel ein. Er stand mit dem Rücken zur Wand.

HELIODOR DER FRAGILEN TRÄUME

Pablo Picasso meinte einmal über die Kunst: »Wenn ich wüsste, was das ist, würde ich es für mich behalten.« Kunst kommt zwar von Können, aber darüber, was Kunst eigentlich ist, kann man nicht streiten (ebenso wenig wie über Geschmack) – und über moderne Kunst schon gar nicht. Da wirft ein Künstler einen Haufen Schrott vor ein öffentliches Gebäude, nennt das Ensemble »Heliodor der fragilen Träume« und behauptet allen Ernstes, die verrosteten Metallteile würden die Vergänglichkeit des Seins symbolisieren. Alle sind zufrieden – der Eisenbieger, weil er ein fettes Honorar kassiert hat, und die Behörde, weil ihr kein Mensch den Vorwurf machen kann, sie würde Kunstwerke mit politisch unkorrekten Aussagen öffentlich zur Schau stellen.

Manche Museen haben einen eintrittsfreien Tag im Monat eingeführt, um auch weniger gut Betuchten die Möglichkeit zu geben, die Kunstsammlungen zu bestaunen. Gertrud, eine verwitwete Apothekersgattin, hatte zwar keine finanziellen Sorgen, aber dennoch einen eintrittsfreien Sonntag gewählt, um die großräumigen Installationen des schweizerischen Kunstjüngers Luzius Luzern zu bestaunen. Im Saal 21, der einen voluminösen Kubus sowie weitere am Boden befindliche Teile und sich quer dahinschlängelnde farblich abgesetzte Leitungen enthielt, kam es zum Stau. Die Apothekerswitwe wollte den Massen ausweichen und ging ganz nah an der Wand entlang. Dabei geriet sie mit dem linken Fuß in eine dort verlaufende 15 Zentimeter breite, in den Boden versenkte Lüftungsrinne, knickte um und brach sich den linken Außenknöchel.

Die Verletzung war schmerzhaft, der Heilungsverlauf gestaltete sich langwierig. Noch vom Krankenbett aus forderte Gertrud vom Museum Schmerzensgeld und Schadensersatz. Der Kustos weigerte sich zu zahlen:

»Bislang wurde außer Ihnen in unseren Räumen niemand verletzt, und wir hatten bereits zwei Millionen Besucher. Wir bestreiten daher eine Verletzung unserer Verkehrssicherungspflicht.«

Die Witwe humpelte zum Anwalt und reichte Klage ein. Begründung: »Die an der Außenwand verlaufende Lüftungsrinne ist unbedenklich, wenn an den Wänden Bilder hängen. In diesem Fall kommen die Besucher nicht in die Nähe der Rinne, weil sie die Gemälde nur mit gebührendem Abstand betrachten können. Im vorliegenden Fall gab es keine Bildnisse. Das Publikum musste um den Kubus herumlaufen. Das hätte erhöhte Schutzmaßnahmen erfordert.«

Das Gericht teilte diese Ansicht nicht: »Die Vertiefungsrinne war deutlich farblich abgesetzt und der Abstand zwischen Kunstwerk und Außenwand groß genug, dass die Besucher aneinander vorbeigehen konnten. Von der Klägerin durfte besondere Achtsamkeit verlangt werden, weil sie durch das erhöhte Publikumsinteresse mit Hindernissen rechnen musste.« Die Klage wurde abgewiesen.

Nun verstand Gertrud endlich, was Oscar Wilde meinte, als er sagte, die Kunst sei eine »Methode, außergewöhnliche Gemütsbewegungen hervorzurufen«.

9. Kapitel

LÄRM, LEBENSVERSICHERUNG, MIETE, MIETMINDERUNG, MIETERPFLICHTEN

KINDER, HUNDE UND ANDERE UNRUHESTIFTER

Die Brandenburger Gemeinde Hoppegarten ist bekannt für ihre Rennbahn im Grünen, die zu den schönsten in ganz Deutschland zählt. Wegen der guten Lage am Stadtrand von Berlin ziehen vor allem junge Familien in den Ort. Es gibt mehrere neue Kindertagesstätten, und die Gemeinde ließ auch etliche Spielplätze anlegen.

Doch was dem einen sin Uhl, ist dem anderen sin Nachtigall. Einige Nachbarn beschwerten sich über die angeblich unzumutbare Lärmbelästigung, die von einem Kinderspielplatz in der Nähe ihrer Häuser ausging. Die Verwaltung ließ geräuschschluckende Hecken pflanzen, doch die Proteste ebbten nicht ab. Schließlich mussten sich die Gemeindevertreter mit der Angelegenheit beschäftigen. Die schon etwas in die Jahre gekommenen Abgeordneten hielten Kinder wohl für eine Art Krankheit, deren Symptome sich bei den Anwohnern des Spielplatzes in Form von Kopfschmerzen sowie Schlaflosigkeit zeigten, und beschlossen deshalb mehrheitlich den Abbau der Spielgeräte. Die Kinder vergnügten sich danach dort wo sie hingehörten, nämlich vor dem Fernsehapparat.

Kaum machte diese Kunde im Ort die Runde, klatschte Emanuela, eine pensionierte Lehrerin, begeistert in die Hände. Bei ihr nebenan wohnte nämlich eine Familie mit zwei frechen Gören, die nichts Besseres zu tun wussten, als ständig kreischend durch den Garten zu rennen. Außerdem hatte ihre Mutter die behördliche Genehmigung beantragt und bekommen, weitere

Kleinkinder tagsüber bei sich aufnehmen und betreuen zu dürfen. Emanuela ließ eine Unterschriftenliste in der Nachbarschaft kursieren. Darauf stand als Forderung: »Wir wollen unsere Ruhe! Wenn die Gemeinde zur Lärmberuhigung Spielplätze schließen lässt, müssen wir erst recht keinen privaten Kindergarten in unserem ruhigen Wohngebiet dulden!«

Die Idee mit der Petition entpuppte sich als Flop. Nur Jürgen, der Trinker aus dem Haus an der Ecke, wollte unterschreiben, aber er konnte nicht, weil seine Hand zu sehr zitterte. Emanuela dachte nicht daran aufzugeben. Sie rief die Schiedsstelle der Gemeinde an. Anwälte wurden eingeschaltet, die Präzedensfälle zitierten, in denen es sich um umzumutbare Lärmimmissionen drehte, die von Pferdeeinstellplätzen bei Poststationen ausgingen. Seitdem befassen sich die Gerichte damit.

Doch außer frei laufenden Kindern gibt es noch andere Lärmerzeuger, nämlich Hunde. Bert hielt sich seit Jahren fünf Huskys und einen Mischling auf seinem Grundstück. Weil die Biester in sternenklaren Nächten ständig den Mond anjaulten, platzte seinem Nachbarn Ralf irgendwann der Kragen, und er zog vor Gericht. Er forderte, dem Beklagten Bert wegen der unzumutbaren Lärmbelästigung durch das ständige Gebell und Geheule der Hunde sowie erheblicher Geruchsbelästigung die Tierhaltung zu untersagen.

Doch der Richter wies die Klage ab: »Der Nachbarschutz ist wegen Zeitablaufs verwirkt. Ein Grundstückseigentümer muss spätestens nach fünf Jahren wissen, ob sich sein Nachbar mit der Grundstücksnutzung abgefunden hat. Außerdem hätte der Kläger erkennen müssen, dass zwischen Mensch und Tier eine vertiefte emotionale Beziehung entsteht und es für den Halter einen schwerwiegenden Eingriff bedeute, wenn er die Hunde weggeben müsste.«

Hunde sind eben keine Kinder.

KÄLTETOD AUF DEM GIPFEL VOM MOUNT EVEREST

Der Mount Everest ist der höchste Berg der Erde. Er liegt im Himalaya-Gebirge an der tibetanisch-nepalesischen Grenze. Seine exakte Höhe wurde 1992 mit 8 846 Metern bestimmt, die Schneegrenze beginnt bei 5 800 Metern. Zum ersten Mal wurde der Mount Everest im Jahr 1953 durch Edmund P. Hillary und Tenzing Norgay bestiegen. Seitdem haben es ihnen zahllose Kletterfreunde und Globetrotter nachgetan oder versucht.

Über den Sinn oder Unsinn, sich unsäglichen körperlichen Strapazen zu unterziehen und unter Lebensgefahr tausende Meter in Schnee und Eis nach oben zu kraxeln, lässt sich trefflich streiten. Aber es gibt auch andere ausgefallene Hobbys, wie beispielsweise das Sammeln von Gullydeckeln oder das Trainspotting genannte Beobachten von Zügen. Sie sind nur weniger gefährlich.

Hilmar war Kinderarzt von Beruf. Er trug einen graumelierten Vollbart, war glücklich geschieden und kletterte seit frühester Jugend. Auf fast jedem europäischen Gipfel hatte er bereits gestanden. Dann erfüllte er sich seinen größten Traum. Er zahlte einen immensen Geldbetrag auf ein Konto ein und durfte sich einer Mount-Everest-Expedition anschließen. In den ersten Tagen lief alles glatt. Die Bergsteiger kamen gut voran, und das Wetter zeigte sich von seiner besten Seite. In 6 600 Metern Höhe fasste Hilmar einen folgenschweren Entschluss. Er verließ die Expedition auf eigene Faust und folgte einer Eisrinne an der Nordwand. Bis zu einer Höhe von 7 700 Metern ging alles gut.

Plötzlich schlug das Wetter um. Ein Schneesturm brauste mit Windgeschwindigkeiten von 200 Stundenkilometern heran. Binnen kürzester Zeit sank die Temperatur auf minus 35 Grad. Dem risikofreudigen Kinderarzt gelang es gerade noch, auf einer winzigen Plattform sein Zelt aufzuschlagen.

Fünf Tage später entdeckten ihn britische Bergsteiger. Hilmar saß erfroren neben dem Zelt. Diese maßlose Selbstüberschätzung hatte einen hohen Tribut gefordert.

Nachdem die amtlichen Formalitäten erledigt waren und Hilmar offiziell für tot erklärt worden war, meldete sich sein Bruder Bennet bei der Versicherung. Der Kinderarzt hatte vor seiner Abreise nach Tibet eine Lebensversicherung mit Unfallzusatzversicherung zu dessen Gunsten in Höhe von 250 000 Euro abgeschlossen.

Als die Versicherung nicht zahlen wollte, brachte Bennet die Sache vor Gericht: »In dem Versicherungsvertrag waren zwar Gesundheitsschäden durch Licht-, Temperatur- und Witterungseinflüsse ausgeschlossen worden, aber keine Unfälle. Mein Bruder starb durch einen solchen, denn er kam durch den plötzlichen Wetterumschwung ums Leben.«

Das Gericht legte die Vertragsbedingungen anders aus als er: »Ein Unfall ist nur dann gegeben, wenn der Versicherte durch ein Ereignis, das plötzlich von außen auf seinen Körper einwirkt, unfreiwillig zu Schaden kommt. An Kälte, Kräfteschwund und Auswirkungen der Höhenkrankheit stirbt man hingegen langsam und keineswegs plötzlich. Es ist im Übrigen nicht dargetan, dass dem Kältetod ein Unfall vorausging.«

Also, potenzielle Versicherungsnehmer in Extremsportarten aufgepasst: Bitte die gewünschte Todesart ganz genau beschreiben und vor allem deren exakten Hergang. Sonst gibt es kein Geld, und das wäre doch ärgerlich – für die trauernden Hinterbliebenen.

GUTER RAT IST TEUER – KOSTENFREIER SOWIESO

Es ist genauso leicht, mit Immobilien reich zu werden wie mit Aktien. Man kauft sie billig ein und verkauft sie teuer weiter – das sei das ganze Geheimnis, meinte bereits vor gut hundert Jahren der amerikanische Humorist Mark Twain.

Bruno folgte einem anderen Erfolgsrezept. Es lautet: »Von der Stirne heiß rinnen muss der Schweiß«, und stammt aus dem »Lied von der Glocke« von Friedrich Schiller. Bruno hatte sich von einem Immobilienspekulanten ein leerstehendes Mehrfamilienhaus in einer Gartensiedlung gekauft und es vom Keller bis zum Dach rekonstruiert. Nur die wichtigen Arbeiten waren von Fachleuten ausgeführt worden. Bruno hatte den Beton gemischt, mit einer Schubkarre Sand und Steine gefahren, Brote geschmiert, Kaffee gekocht und für Materialnachschub von den Baumärkten gesorgt. Jeder neu verbaute Stein war mindestens einmal durch seine Hände gegangen. Auf diese selbstausbeuterische Weise gelang es ihm, die Bauzeit radikal zu verkürzen und die Kosten extrem gering zu halten.

Bald, nachdem Malermeister Klecksel den letzten Pinselstrich getan hatte, zogen die ersten Mieter ein. Unter ihnen war auch Ringolf, ein 34-jähriger Lebenskünstler. Er nahm die Dreizimmerwohnung in der zweiten Etage rechts für 412 Euro warm, mit eigenem Pkw-Stellplatz vor dem Haus, Blick ins Grüne und dem Recht auf Mitbenutzung des Gemeinschaftsgartens.

Nach ein paar Monaten begann Ringolf, die Miete grundlos um 33 Euro monatlich zu kürzen.

Bruno schrieb sich mit Mahnungen die Finger wund. Ringolf reagierte erst gar nicht und dann ganz anders, als der Hausbesitzer erwartet hatte: Auf dem Mietkonto gingen plötzlich gar keine Überweisungen mehr ein. Schließlich tat Bruno das einzig Vernünftige: Er kündigte seinem Mieter fristlos. Doch damit bekam er weder Geld noch seine Wohnung zurück. Wer A sagt, muss auch B sagen. Zwei Monate später reichte Bruno Klage ein. Er forderte den bis dahin aufgelaufenen rückständigen Mietzins in Höhe von 2 847,03 Euro, 60 Euro Gebühren für zwölf Mahnschreiben und die Herausgabe der Wohnung.

Ringolf rührte und rappelte sich nicht. Er reagierte in keiner Weise und schickte auch keine Klageerwiderung ab. Normalerweise hätte das Gericht wiederum nach einem Monat ein sogenanntes Versäumnisurteil erlassen müssen – das tat es aber nicht. In der Verhandlung acht Monate später erläuterte der Richter auch, weshalb: »Die geforderten Mahngebühren von 60 Euro sind weit überhöht.«

Bruno erwiderte: »Der Betrag von 5 Euro je Mahnung ist im Mietvertrag vereinbart worden.«

»Trotzdem zu hoch. Höchstens die Hälfte ist angemessen.«

Und in diesem Sinne fiel dann auch das Urteil aus. Ringolf musste 2.847,03 Euro rückständige Miete nebst Mahngebühren in Höhe von 30 Euro zahlen sowie die Wohnung räumen.

Am Ende der Verhandlung fragte Bruno: »Seitdem ich die Klage letzten Herbst eingereicht hatte, ist der Mietrückstand auf 4 120 Euro aufgelaufen. Was wird damit?«

»Sprechen Sie mit einem Anwalt darüber«, lautete der gut gemeinte und kostenlose Rat des freundlichen Richters zum Abschied.

MANGELS MANGEL SACHMANGELFREIE MANGEL-ERSCHEINUNG

»Zins und Miete schlafen nicht«, sagt das Sprichwort. Aus diesem Grund war Existenzgründer Alex sehr froh, als er für sein neueröffnetes Reisebüro ein relativ preisgünstiges Ladenlokal mit repräsentativer Schaufensterfront mieten konnte. Die Aussicht durch die großen Scheiben war sehr schön – weil die Geschäftsräume einige Zentimeter unter Straßenniveau lagen. Der ungehinderte Blick ermöglichte interessante Einsichten in Richtung der kurzberockten Weiblichkeit. Alex pflegte deshalb männliche Kunden mit dem Gesicht zur Schaufensterfront zu platzieren. Dieser Blickfang erleichterte die Verkaufsgespräche ungemein.

Es handelte sich nur um einfache Verglasung, und es zog in der Nähe der Außenfront wie Hechtsuppe. Doch der Schreibtisch stand weitab vom Fenster. Im Sommer erfreute sich Alex an der praktischen Zusatzlüftung, und im Winter drehte er die Heizkörper auf die höchste Stufe. Das blieb folgenlos, denn im Mietvertrag war eine Heizkostenpauschale vereinbart worden.

Eines Tages schickte der Vermieter einen Brief. Darin stand, dass demnächst im Zuge der Fassadengestaltung die Fensterfront mit doppelverglasten Thermoscheiben neu gestaltet werden würde. Dies würde eine spürbare Heizkostenverringerung mit sich bringen, was vor allem im Interesse der Mieter läge. In diesem Zusammenhang müsste eine Umstellung erfolgen. Die Heizkostenpauschale würde auf eine verbrauchsabhängige Abrechnung umgestellt werden.

Alex leuchtete diese Idee sofort ein, und er unterschrieb die Zusatzvereinbarung zum Mietvertrag. Einige Tage später kamen die ersten Handwerker. Sie brachten Messeinrichtungen zur Kontrolle des Wärmeverbrauchs an. Nur bei der Fassadengestaltung gab es Schwierigkeiten. Es dauerte über ein Jahr, ehe das Reisebüro neue Fensterscheiben bekommen konnte. In der Zwischenzeit stiegen die Heizkosten auf das Doppelte an, da sie nicht mehr pauschal, sondern verbrauchsabhängig berechnet wurden. Doch sobald die neuen Fenster eingesetzt waren, sanken die Kosten wieder. Alex hatte ohnehin nicht mehr gezahlt, sondern die Miete mit der Begründung »mangelhafte Wärmeisolierung« gemindert und auf den ursprünglichen Betrag gesenkt.

Viele Monate später forderte der Vermieter vom Reisebüro Mietrückstände in Höhe von 1 545,48 Euro gerichtlich ein. Alex glaubte sich auf der sicheren Seite und beantragte, die Klage abzuweisen. Doch der Richter schüttelte nur abweisend seinen Kopf: »Der Beklagte hat weder vorgetragen, dass die Räume im Sommer aufgrund der Isoliereigenschaft der Fensterfront zu heiß geworden seien, noch hat er vorgetragen, dass die Räume im Winter aufgrund der Isoliereigenschaft der Fenster nicht ausreichend beheizt werden konnten. Er beanstandet lediglich die Höhe der Heizkosten. Die Tauglichkeit zum vertragsgemäßen Gebrauch ist in Fällen wie diesen nicht eingeschränkt. Der Kostenaspekt ist für den Begriff des Sachmangels irrelevant.« Das bedeutete frei übersetzt: Beim Betreten des Gerichtsgebäudes bitte den gesunden Menschenverstand an der Garderobe abgeben.

Als Alex das Urteil hörte, fiel ihm erneut ein Sprichwort ein: »Man wird alt wie' ne Kuh und lernt immer noch dazu.«

NÄCHTLICHER LÄRM IM TREPPENHAUS

Der berühmte deutsche Dichter Theodor Fontane hat mit wenigen Unterbrechungen sechseinhalb Jahrzehnte in Berlin gelebt und ist in dieser Zeit mehr als 20 Mal umgezogen. Über seine letzte Wohnung wusste Fontane zu berichten: »Mein Bett steht in einem sogenannten Berliner Zimmer. Da ich einen gesegneten Schlaf habe, so komme ich über die Nacht gut weg. So geht es bis um sieben. Um diese Zeit weckt mich ein Nachbargeräusch mit einer geradezu brutalen Gewalt. Es trifft sich nämlich so unglücklich – und unglücklich ist noch ein mildes Wort – , dass gerade am Kopfende meines Bettes der Closet-Zug des Nachbarhauses verläuft, ein in grässlichen Gurgeltönen arbeitendes Instrument. Um acht oder wenig später werden auf dem sechs Meter im Quadrat großen Hofe Decken geklopft, eh man noch fertig ist, erscheint ein Leierkastenmann. Ein Glück, dass das Deckenklopfen noch nicht ganz fertig ist, so frisst eins das andre auf.«

In dem Mehrfamilienhaus, in dem die 25-jährige Büro-
fachangestellte Brigitte zur Miete wohnte, ging es mitunter
noch lauter zu. Das lag an einem ihrer Verwandten. Bri-
gittes Zwillingsschwester Brigitta war mit einem 29 Jahre
alten Fahrradhändler verheiratet, der auf den nordischen
Namen Ingvar hörte. Doch der Drahteselbändiger hatte
Schwierigkeiten sich zu entscheiden. Trotz des goldenen
Ringes an seiner Hand war er heftig in seine Schwägerin verliebt. Immer wenn ein Glas Bier zu viel in seinem
Bauch gluckerte, fasste sich Ingvar ein Herz. Dann suchte
er zu nachtschlafender Zeit das Haus seiner Schwägerin
auf, hämmerte gegen ihre Wohnungstür, klingelte Sturm
und krakeelte im Hausflur herum. Doch Brigitte dachte nicht im Traum daran, den Trunkenbold einzulassen.
Nicht selten mussten andere Mieter am nächsten Morgen
über Ingvar hinwegklettern, der im Treppenhaus seinen
Rausch ausschlief.

Wochenlang hagelte es Beschwerden, aber Brigitte
blieb ganz kühl: »Ich kann nichts dafür. Der Saufbruder
hat zwar in meine Familie eingeheiratet, aber mehr habe
ich nicht mit ihm zu schaffen.«

Die Hausgemeinschaft sah hingegen in Brigitte den
Ausgangspunkt des störenden nächtlichen Treibens,
und schließlich blieb der Vermieterin Joanna keine
andere Wahl: Sie kündigte den Mietvertrag. Brigitte
wollte die Kündigung nicht hinnehmen und reichte
Klage ein.

Der Richter fand ihr Verhalten untadelig: »Wenn der
Schwager der Klägerin trinkt, kann man von ihr ver-
langen, ihn nicht ins Haus zu lassen. Das hat sie getan,
und das führte zu den bedauerlichen Vorfällen. Es wäre
Sache der Beklagten gewesen, geeignete Maßnahmen,
wie Erteilung eines Hausverbots, zu ergreifen, oder das
Haus modernisieren zu lassen. Weil es keine moderne
Türschlossanlage gibt, war es dem Mann möglich, das
Haus zu jeder Tages- und Nachtzeit zu betreten.«

Noch einmal zurück zu dem gurgelnden Closet-Zug. In Häusern ohne Anschluss an die Kanalisation lebte es sich im 19. Jahrhundert vielleicht ruhiger, aber dafür unbequemer. Was war also besser, und was war schlechter gewesen? Auch Fontane wusste es nicht: »Der erwähnte Flur stieß geradeaus auf eine gleichfalls düstere, überaus winzige, aber unabwendbar nötige Örtlichkeit, die mangels Ventilationsmöglichkeit sehr geschont wurde, d.h. nur für die Eltern und dringendste Fälle bestimmt war. Allwöchentlich erschien eine ältliche Frau mit lang herabwallendem Umhang; er verbarg ein Tragegestell mit zwei Eimern, deren einer gegen den unsrigen ausgewechselt wurde ...«

10. Kapitel

MITVERSCHULDEN, MÜLL, NACHTRUHE, PÄDOPHILIE

VOLLMILCH-NUSS UND DRAUSSEN DRÄUT DER DUMPFE DAMPF

Zu DDR-Zeiten bekamen die Kinder im Russisch-unterricht ganz nebenbei auch nützliche Lebensregeln beigebracht, wie »Nina, Nina, tam kartina« [1], »sneg idjot« [2] oder, ganz besonders wichtig, »sonze swetit w okno« [3]. Welche schrecklichen Folgen es haben kann, wenn ein ansonsten dynamischer und zukunfts-orientierter junger Mensch von heute keinen Zugang zu diesen Volksweisheiten erlangen konnte, zeigt das folgende Beispiel.

Arnie, einem 23-jährigen Einzelhandelskaufmann, fiel eines Tages im eisigen Winter auf, dass draußen zwar Frau Holle Sonderschichten [2] fuhr, aber dennoch die Gesichter sämtlicher Kumpels und Freundinnen scho-koladenfarben glänzten. Die Abstufungen reichten von hellbraun Vollmilch-Nuss bis zu zartbitter Schwarz. Arnie fragte verwundert: »Draußen dräut der dumpfe Dampf und ihr seht aus wie frisch vom Grill. Was geht ab, Mann?«

»Haste keine Peilung, Alter?«, fragte ihn sein Girl-friend Carla-Soraya. »Noch nie was vom Solarium gehört, du Vollpfosten?«

So kam es, dass Arnie an einem schicksalhaften Tag im Januar zum ersten Mal in seinem Leben ein Son-nenstudio besuchte. Zu der Angestellten Sylvie sagte er: »Ich bin Frischling und habe noch keinen Plan. Ich will zacke-zacke braun werden, weiß aber nicht, wie das geht. Welches Gerät ist geeignet, wie lange muss ich in der Kabine bleiben?«

Sylvie schob entnervt ob dieser Dumpfbacke ihren Kaugummi von der einen in die andere Mundhälfte. Mit dem rechten Daumen wies sie erst hinter sich auf ein buntes Schild [1] und dann auf eine freie Kabine. Arnie schlüpfte hinein, legte sich auf die Sonnenbank und ließ sich 20 Minuten lang richtig grillen.

Wenig später begannen die Schmerzen. Die Haut rötete sich, warf Blasen und zeigte Zeichen von Verbrennungen ersten Grades. Arnie sah aus, wie ein Apache auf dem Kriegspfad. Es dauerte drei Wochen, bis eine Besserung eintrat.

Nachdem der Einzelhandelskaufmann halbwegs genesen war, verklagte er den Betreiber des Sonnenstudios auf 1 500 Euro Schmerzensgeld. Lutz, der Inhaber, erwiderte: »Die Kabinen und Sonnenbänke sind mit Farben gekennzeichnet, wobei diese Farben auch in entsprechende Kategorien für die Hauttypen unterteilt sind. Im Thekenbereich befindet sich eine entsprechende Geräteübersicht [1], aus der sich jeder Kunde die hautspezifische Sonnenbank auswählen kann. In den Kabinen sind gut sichtbare Sicherheitshinweise angebracht [3].«

Das Gericht beschäftigte sich eingehend mit dem Sachverhalt und fällte dann eine glasklare Sowohl-als-auch-Entscheidung: »Der Beklagte hat seine vertraglichen Nebenpflichten ›Recht des Kunden auf Gesundheit und körperliche Unversehrtheit‹ verletzt. Zu einem ordnungsgemäßen Betreiben eines Sonnenstudios gehört, dass die Angestellten von sich aus erforschen, welche Kabine für den jeweiligen Kunden die beste ist.«

Anschließend bekam aber auch Arnie sein Fett weg: »Der Kläger hat ohne entsprechende Beratung die Kabine aufgesucht und sämtliche Bedienungs- und

Warnhinweise missachtet. Dieses Mitverschulden war mit 50 Prozent anzusetzen.«

Lutz musste an seinen gerösteten Kunden 750 Euro Schmerzensgeld zahlen. »Let the sunshine in« sangen schon 1968 die Fifth Dimension in dem Musical Hair.

[1] Nina, Nina, dort hängt ein Plakat.

[2] Es schneit.

[3] Die Sonne scheint ins Fenster.

GEBÜHRENPFLICHT AUCH OHNE ANFALLENDEN ABFALL

Heutzutage wird im Zuge der Bankenkrise bei den meisten Menschen das Geld im Portemonnaie immer knapper. Nur bei den reichen Leuten nicht, denn kein Geld ist das einzige, was sie nicht haben. Dafür sorgt schon der Solidarpakt des Staates, der wie ein gigantischer Staubsauger den kleinen Leuten die letzten Kröten aus den Taschen zieht und sie in Donald Ducks Geldspeicher klimpern lässt, denn der Teufel schei... bekanntlich immer auf den größten Haufen.

Bernard war ein Angestellter Ende Dreißig mit langsam schütter werdenen Locken und einem Bartwuchs, der täglich zwei Nassrasuren notwendig machte. Als Vorstand einer vierköpfigen Familie hatte er durch einfache Rechenkunststücke herausgefunden, dass sein Einkommen seit der Einführung des Euro halbiert worden war, sich inzwischen aber die notwendigen Ausgaben für Steuern, Abgaben und Gebühren verdoppelt hatten – von den übrigen Lebenshaltungskosten im Allgemeinen und den Spritpreisen im Besonderen ganz zu schweigen. Die Schere zwischen rein und raus, zwischen wollen und sollen, zwischen Lohn und löhnen wurde immer größer. Sein oder Nichtsein, das war hier die Frage.

Bernard besann sich ungenau auf eine mütterliche Tugend: »Spare beizeiten, dann hast du immer Not.« Er, seine Gattin Gabi und ihre beiden entzückenden

Kinder fuhren seitdem einen rabiaten Abzwackkurs. Im Winter saßen sie in Thermoanzügen in der ungeheizten Küche. Sie kauften nur noch im Billigmarkt, und dort auch nur preisgesenkte Produkte. Rundfunk und Fernsehen waren abgemeldet. Stattdessen sah sich die Familie geborgte Lassie-Videos an. Toilettenpapier wurde von zwei Seiten benutzt. Berni trug einen Rauschebart und wurde ständig von Muslimen gegrüßt. Das Auto hatten sie verkauft. Inzwischen fuhren sie Fahrrad oder gingen zu Fuß. Das kam nicht nur dem Geldbeutel, sondern vor allem der Gesundheit zugute.

Bei dieser Lebensführung war es von der Müllvermeidung bis zur strikten Müllverhinderung nur ein Schritt: Teeblätter und Kaffeesatz wurden nach dem fünften Aufguss kompostiert, Papierreste im Kamin verbrannt und gebrauchte Garderobe zur Kleidersammlung gebracht. Die wenigen Besucher, die noch kamen und Rotweinflaschen, Chipstüten oder auch nur Zigarettenschachteln in den Taschen trugen, mussten ihren Müll bis auf die letzte Kippe wieder mitnehmen.

Eines Tages bekam Bernard einen Brief vom Landrat. Natürlich nicht von ihm persönlich, sondern vom »Landratsamt, Bereich kommunale Belange, Sektion II, Fachdienst Abfallentsorgung«. Der Umschlag enthielt einen gepfefferten Bescheid für die Müllabfuhr: Er gliederte sich in eine Grundgebühr für vier Personen, Abfallbehälterleihgebühr und Behälterwechselgebühr, summa summarum 84,50 Euro. Lediglich bei der sogenannten Leistungsgebühr stand ein Strich – eben weil überhaupt kein Müll angefallen war.

Berni legte gegen den Bescheid Widerspruch und dann Klage ein. Doch das Gericht konnte keinen Fehler erkennen: »Das Grundstück des Klägers ist laut Satzung an die öffentliche Abfallentsorgung angeschlossen. Maßgeblich ist daher allein, ob mittels einer Tonne die Möglichkeit besteht, diese mit Müll zu befüllen.«

Bernard muss also für die Müllabfuhr bezahlen, obwohl er sie nicht in Anspruch nimmt. Leichter kann der Landkreis kein Geld verdienen. (Glücklicherweise gibt es keine Afghanistan-Satzung. Sonst würde sich die Bundeswehr dort im Kriegseinsatz befinden, obwohl sie nur Ordnungsaufgaben wahrnimmt, alten Omas über die Straße hilft und Müll wegräumt.)

Aber es klappt nicht immer mit dem Abzocken. In einem anderen Fall erhielt Nathan als Betreiber einer Seniorenresidenz einen Gebührenbescheid über 4000 Euro zugestellt. Die stolze Summe errechnete sich daraus, dass der Bescheid die 62 Appartements im Bereich betreutes Wohnen mit 62 privaten Haushalten gleichsetzte.

Hier entschied das Gericht: »Angesichts der vertraglichen Vereinbarungen und der Zweckbestimmung ist davon auszugehen, dass die Bewohner in der Einrichtung nicht mehr selbständig ihren Haushalt führen. Insgesamt ist daher der in der Einrichtung des Klägers anfallende Abfall wie in einem Altenheim dem Betreiber zuzurechnen.«

INGRAMS PRIVATE MÜLLDEPONIE

Der Vater von Raimund wurde 101 Jahre alt. Noch zu Kaisers Zeiten war er unter dem Namen Ingram Bonifatius zur Welt gekommen. Er erlebte den Ersten Weltkrieg, die Weimarer Republik, das Dritte Reich, den Zweiten Weltkrieg, den Demokratischen Aufbruch, die DDR und schließlich auch noch die Bundesrepublik Deutschland, bevor er im Jahr 2003 starb. Er hatte mehr Geldentwertungen und Währungsreformen mitgemacht, als es Tage in der Woche gibt.

Irgendwann Ende der sechziger Jahre, als er Rentner und Witwer geworden war, begann sich Ingram Bonifatius einem Hobby zu widmen, das nichts kostete. Er fing an, Dinge einzusammeln, die andere nicht mehr gebrauchen konnten: Alte Fahrräder, Bretter, Obststiegen, Lumpen und Altpapier. Er selbst warf nichts mehr weg und hob alles auf. Bindfäden, Gummiringe, Papiertüten, Aludeckel, leere Büchsen, Kartons, Zeitungen und Zeitschriften. Seine Schätze hortete er im Haus, im Keller, im Schuppen, auf dem Hof und im Garten. Da er ein großes Grundstück besaß, hatte er anfangs genügend Platz.

Im Laufe der Zeit wurden die Freiräume immer kleiner und schrumpften zu schmalen Laufgräben zwischen aufgetürmten Hügeln zusammen.

Nach dem Tod von Ingram Bonifatius erbte sein schon seit langem mit ihm zerstrittener Sohn Raimund Haus, Grundstück und die unendlichen Schätze, die nur darauf warteten, gehoben zu werden. Ein erster Rundgang über den Hof offenbarte ihm vermodernde Decken, Lumpenberge, prallgefüllte Müllsäcke und Körbe voller Altpapier, teilweise sehr malerisch von Efeu bewachsen. Im Haus bot sich ein ähnliches Bild, lediglich das Grünzeug fehlte. Den bis an die Zimmerdecke reichenden Haufen entströmten schimmlig-modrige Gerüche, durchsetzt mit einem kräftigen Hauch verfaulender Lebensmittel.

Raimund verfluchte seinen Alten, zog die Hoftür beim Gehen hinter sich zu und warf den Schlüssel in den nächsten Gully.

Das hätte er nicht tun dürfen. Nach einigen Wochen wurden die Behörden aktiv. Sie stuften das Müllsammelsurium als eine »genehmigungspflichtige Anlage im Sinne des Bundesimmissionsschutzgesetzes« ein und verwarnten den unglücklichen Erben wegen vorsätzlichen unerlaubten Betreibens derselben mit einer Geldstrafe in Höhe von 1 620 Euro.

Raimund legte Rechtsmittel ein. Das Gericht meinte zu seinen Gunsten, dass es sich nicht um eine Mülldeponie handeln würde, da es von dem Berechtigten nicht »im Sinne einer nach außen erkennbaren Funktionseinheit für diesen Zweck« bestimmt gewesen war. Zu seinen Ungunsten sprach allerdings, dass Raimund vorsätzlich gehandelt hatte, weil er verpflichtet gewesen wäre, »den Haus- und Sperrmüll auf dem dafür vorgesehenen Wege entsorgen zu lassen. Unter Abwägung aller Umstände erschien daher die nunmehr erkannte Geldbuße von 600 Euro als schuldangemessen.«

Nach dem Urteil fragte sich Raimund, was wohl der alte Goethe damit gemeint hatte, als er sagte: »Was du ererbt von deinen Vätern hast, erwirb es, um es zu besitzen.«

DISKO IM »BLAUEN AFFEN«

Karlludwig war der Wirt vom »Blauen Affen«. In seiner Kneipe sah es noch so aus, wie in der guten alten Zeit: An blankgescheuerten Holztischen mit großen Glasaschenbechern und fleckigen, kleinen Platzdeckchen in der Mitte standen Stühle, von denen keiner zum anderen passte. Der Fußboden hatte die Farbe von Kohlenruß, und es knirschte mitunter beim Laufen. Gäste, die Hunger verspürten, konnten sich ein Drei-Gänge-Menü bestellen: Bockwurst mit Brot und Senf. Wer Durst hatte, brauchte nicht zu reden. Es reichte völlig aus, zwei Finger zu heben. Dann brachte Karlludwig sofort ein frischgezapftes Bier im bruchfesten Patentglas sowie einen doppelten Weinbrand.

Neumodische Spielautomaten gab es nicht. Links hinten in der Ecke stand der Skat-, und rechts der Doppelkopftisch. Wer wollte, konnte auch würfeln. Pfeife rauchen war verboten. Alles andere, was qualmte, durfte gepafft werden – Nichtraucherschutzgesetz hin oder her.

Freitagabend war Disko im »Blauen Affen«. Dann drehte Karlludwig das 30 Jahre alte »Rema Andante«-Radio volle Möhre auf, und Trümmer-Kutte legte mit der scharfen Elli, die bis in die späten siebziger Jahre anschaffen gegangen war, eine flotte Sohle aufs Parkett. Fremde verirrten sich kaum in diese Gegend, und noch viel seltener riskierte ein Ortsunkundiger einen Blick in die Gaststube.

An einem Freitag im Juli teilte ein anonymer Anrufer der zuständigen Polizeiinspektion mit, dass vom »Blauen Affen« eine erhebliche Lärmbelästigung durch das Abspielen überlauter Musik ausgehe. Zwei Beamte fuhren sofort zum Tatort. In ihrem Protokoll hielten sie fest, dass sie um 23.50 Uhr die Musik bis auf die Straße hören konnten, obwohl sowohl die Kneipentür als auch sämtliche Fenster geschlossen waren. Anschließend drangen die Polizisten in das Innere der Spelunke vor. Im Gastraum mußten sie feststellen, dass eine normale Verständigung unmöglich war. Drei einsame Paare hielten sich jeweils fest umklammert, damit sie nicht umfielen. Der Wirt reagierte nur auf Zeichensprache. Aber er verstand, was die Beamten von ihm wollten und drehte die Musik leiser.

Danach tippten die Polizisten ihren Bericht und leiteten ihn weiter. Gegen den Wirt, den Lärmverursacher, wurde eine Geldbuße in Höhe von 500 Euro verhängt. Karlludwig wehrte sich dagegen, und so musste sich das Gericht damit beschäftigen.

Der Richter entdeckte gleich mehrere schwere Ermittlungsfehler: »Ob eine Störung der Nachtruhe vorliegt, richtet sich nach dem Gebietscharakter, in dem sich der Lärm auswirkt. Maßgeblich ist dabei, ob es sich um ein Industrie- oder Gewerbegebiet, um ein Gebiet gemischter Nutzung oder ein reines Wohngebiet handelt. Dazu wurden keine Feststellungen getroffen.

Ob der anonyme Anrufer, der Grund für dem Einsatz gewesen ist, überhaupt Anwohner war und damit zum geschützten Personenkreis gehört, ist nicht dargelegt. Passanten werden durch die Vorschrift nicht geschützt.«

Das Verfahren gegen Karlludwig wurde eingestellt. Die Disko am Freitagabend gibt es nach wie vor. Und wenn Richter Henning wie üblich am Donnerstag zur Skatrunde kommt, dann geht der erste Zweispänner aufs Haus.

DER GUTE ONKEL AUS DEM KNAST

Vor 43 Jahren war es wohl nicht üblich, straffällig gewordenen Schwangeren Haftverschonung zu gewähren. Mario wurde jedenfalls im Zuchthaus geboren. Seitdem haben ihn Gefängnisse nicht mehr losgelassen. Nach Schulzeit, Lehre und anderem Beruf arbeitete er als Wärter in einer Justizvollzugsanstalt. Dann saß er selbst viele Monate als Beschuldigter in Untersuchungshaft. Nun wurde er verurteilt und muss auf lange Dauer als Häftling leben.

Mario ist ein Schwiegermuttertyp: schmal, gefälliges Äußeres, kleines Bärtchen, sympathisches Auftreten. Eine Maske. Dahinter verbirgt sich ein skrupelloser Verbrecher. Über viele, viele Jahre verging er sich in Aberhunderten Fällen an Dutzenden Kindern, das jüngste war zweieinhalb Jahre alt.

Der Sittenstrolch hatte immer nach demselben Muster gehandelt: Er schlich sich in sozial benachteiligte Familien ein oder knüpfte Kontakte zu körperbehinderten alleinstehenden Müttern. Dann spielte er eine Rolle als uneigennütziger Helfer, guter Onkel und Ersatzvater. Er ging mit den kleinen Jungen zum Baden, in den Zoo und zum Eisessen. Anschließend nahm er sie mit in seine Wohnung und vergewaltigte sie. Eine Vielzahl seiner Taten zeichnete er auf Video auf. Die Kinder bestach er mit Geld, damit sie schwiegen. Ohnehin traute niemand einem angesehenen Staatsbeamten pädophile Neigungen zu. Und die wenigen Male, als Eltern Verdacht schöpften, weil sie sich keinen Reim darauf machen konnten, wodurch ihre Kinder verhaltensauffällig geworden waren, gelang es ihm, alle Zweifel zu zerstreuen. So wie ein Hochstapler oder Heiratsschwindler nur dann auf Dauer Erfolg haben kann, wenn ihm niemand seine schlechten Absichten zutraut, kann ein Sexualstraftäter nur dann 14 Jahre lang unentdeckt bleiben, wenn er es meisterhaft versteht, sich zu tarnen, seine minderjährigen Opfer einzuschüchtern und deren Angehörige zu manipulieren.

Der Krug geht nur so lange zum Brunnen, bis er bricht. Eine junge Mutter ließ sich nicht beschwichtigen und ging zur Polizei. Bei einer Hausdurchsuchung wurde das Videoarchiv gefunden. Mario zeigte sich kooperativ, so weit die Beweislast erdrückend war, und gab das zu, was sich anhand von Aufnahmen beweisen ließ. Die Staatsanwaltschaft konnte insgesamt nur einen Bruchteil seiner abscheulichen Taten anklagen, und das Gericht stellte darüber hinaus über 150 Anklagepunkte ein, die sich nicht zweifelsfrei beweisen ließen. Was als Bodensatz übrig blieb, war immer noch extrem: Mario wurde verurteilt, weil er erwiesenermaßen 14 Kinder 14 Jahre lang in 155 Einzelfällen sexuell missbraucht hatte.

Die Strafen für alle diese abscheulichen Taten würden addiert über 500 Jahre betragen. In einem Land wie den USA käme Mario nie wieder auf freien Fuß. Bei uns ist das anders. Das Gericht verhängte eine sogenannte Gesamtstrafe von zehn Jahren. Es blieb damit zwar über dem Antrag des Staatsanwaltes, der auf neun Jahre plädierte, aber weit unter den Anträgen der neun Anwälte, die einige der Opfer vertraten und bis zu 15 Jahren – der gesetzlich vorgesehenen Höchststrafe für schweren Kindesmissbrauch – gefordert hatten. Auch war das Gericht nicht bereit, nach der Haftverbüßung eine Sicherheitsverwahrung auszusprechen: »Die Voraussetzung einer Sicherheitsverwahrung liegt nicht vor. Nach Überzeugung des Sachverständigen ist nicht zu erwarten, dass der Angeklagte nach Verbüßung seiner Strafe weiter straffällig sein wird.«

Hoffentlich können die Richter nach diesem Urteil gut schlafen. Die von Mario missbrauchten Kinder und deren Eltern werden noch lange Zeit mit Alpträumen und schweren psychischen Schäden zu kämpfen haben.

11. Kapitel

PFLICHTTEIL, POLIZEIGEWAHRSAM, RAUBÜBERFALL, RECHTSANWÄLTE

ERBE FÜR DEN MUTTERMÖRDER

Der 35-jährige Benedix hatte große Probleme, mit dem Leben zurechtzukommen. Anders als sein zwei Jahre älterer Bruder Klaus fand er weder einen vernünftigen Beruf noch eine Partnerin. Benedix war noch nie in seinem Leben umgezogen. Er wohnte immer noch in seinem Kinderzimmer auf dem Bauernhof der Eltern. Oben auf den Schränken verstaubten Flugzeugmodelle, die er vor Jahrzehnten gebastelt hatte. Nach dem Tod des Vaters hatte sich das Verhältnis von Benedix zu seiner Mutter radikal verschlechtert. Fast jeden Tag gab es Zank und Streit. Manchmal konnte der Sohn seinen Zorn nicht im Zaum halten und verprügelte die 70-jährige Frau. Das war für sie Anlass, ihr Testament zu ändern. Sie setzte den älteren Sohn zum Alleinerben ein.

Zwei Jahre vergingen, aber nichts wurde besser. Bei einem Streit über das Fernsehprogramm nahm Benedix den Apparat und warf ihn aus dem Fenster. Er trat seiner Mutter gegen das Schienbein und drohte ihr, das Haus anzuzünden. Die alte Frau bat die Behörden um Hilfe, aber niemand wollte etwas für sie tun. Dann, an einem Tag im Januar, schlug Benedix seiner Mutter mit der Faust so stark ins Gesicht, dass sie eine Gehirnerschütterung erlitt. Nach ihrer Entlassung aus dem Krankenhaus änderte sie ihr Testament erneut. Sie schrieb: »Meinen gewalttätigen Sohn Benedix enterbe ich, weil er mich nachweislich oft misshandelt (Faustschläge auf den Kopf) und dadurch meinen eventuellen plötzlichen Tod in Kauf nimmt.«

Vier Wochen später steigerte sich Benedix in einen extremen Wutanfall hinein. Als er wieder zu sich kam, lag seine Mutter tot vor ihm auf dem Boden. Er überlegte nicht lange, sondern schleppte den Leichnam in das Badezimmer, zerstückelte ihn und vergrub die abgetrennten Gliedmaßen und den Rumpf im Wald.

Im Strafprozess stellte ein Gutachter fest, dass Benedix unter einer schizophrenen Psychose litt. Zum Zeitpunkt der Tat und bereits in den Wochen und Monaten zuvor sei er schuldunfähig gewesen. Das Gericht ordnete daraufhin Benedixs Unterbringung in einem psychiatrischen Krankenhaus an. Dort hatte er viel Zeit, über sich und sein Leben nachzudenken. Das tat er auch. Seine durch ein Strafurteil dokumentierte Geisteskrankheit hinderte ihn keinesfalls daran, seinen Bruder Klaus auf die Herausgabe des Pflichtteils zu verklagen. Er forderte rund 55 000 Euro von ihm.

Was tat das Gericht? Wies es die Klage des Muttermörders aus formalen Gründen wegen eines schwerwiegenden Verstoßes gegen die Menschenrechte ab? Weit gefehlt! Die Richter meinten, dass die Ermordete zwar ganz eindeutig ihrem späteren Mörder durch die Testamentsänderung den Pflichtteil entziehen wollte. Dieser Entzug sei jedoch nicht wirksam geworden.

Die Begründung konnte sich sehen lassen. Die Richter kamen nämlich zu der Überzeugung, dass Benedix nicht nur während der Mordtat, sondern bereits in den Monaten zuvor schuldunfähig gewesen war. »Die wirksame Pflichtteilsentziehung setzt jedoch ein schuldhaftes Verhalten des Pflichtteilsberechtigten voraus.« Wer also im Zustand geistiger Verwirrtheit meuchelt, kann keine Schuld auf sich laden. So einfach ist das. Testierfreiheit hin, Testierfreiheit her.

Trotzdem, so ganz wohl fühlten sich die Richter bei

dieser Entscheidung dann doch nicht und diktierten einen entschuldigenden Nachsatz ins Urteil: »Zwar mag das Ergebnis, dass auch derjenige, der seinen Elternteil umbringt, gegen dessen erklärten Willen am Nachlass teilhaben soll, nur weil er im Zustand der Unzurechnungsfähigkeit gehandelt hat, auf erste Sicht möglicherweise nicht befriedigen.«

Klaus nützte dieser halbherzige Rechtfertigungsversuch gar nichts. Er musste dem Mörder seiner Mutter den vollen Pflichtteil auszahlen.

UNSCHULDIG HINTER SCHWEDISCHEN GARDINEN

»Meine Schweine erkenne ich am Gang«, erläuterte Streifenpolizist Kurt seinem jungen Kollegen Gerwin, als sie nachts ihre Runde durch ein verschlafenes Wohngebiet drehten. »Dort hinten beispielsweise der Penner, der gerade in seinen Wagen einsteigen will, ist sternhagelvoll.« Gerwin sah nichts, erhob aber keine Einwände.

Die grüne Minna näherte sich im Schrittempo dem parkenden Auto. Als die Rückleuchten aufflammten, schaltete Kurt das Blaulicht ein, überholte, bremste scharf und versperrte dem Pkw den Weg. Es gab ein kurzes Wortgefecht mit dem Fahrer Rudi, und ehe Letzterem gewahr wurde, was ihm widerfuhr, saß er bereits mit Handfesseln auf dem Rücksitz des Polizeiwagens.

Auf dem Revier verbrachte Rudi eine gute Stunde in der Arrestzelle. Dann erschien ein Arzt und nahm ihm Blut ab. Nach einer weiteren halben Stunde öffnete ein mürrischer Beamter die Stahltür und meinte übellaunig: »Sie sind sauber, null Promille. Sie können nach Hause gehen.«

Rudi fand keinen Genuss an seinem ausgedehnten nächtlichen Spaziergang zurück zu seinem Auto. Er verklagte deshalb das Bundesland als den Dienstherren von Kurt und Gerwin auf 1 500 Euro Schmerzensgeld.

Der Richter bürstete den Störenfried kurz und

bündig ab: »Selbst wenn zu Gunsten des Klägers ein unrechtmäßiges Verhalten der Polizeibeamten unterstellt werden würde, führte dies nicht zu einem Ausgleichsanspruch. Bei den seelischen Unlustgefühlen, die dem Kläger in der Polizeiwache und während der Alkoholprobe aufgekommen sind, handelt es sich nur um äußerst geringfügige Beeinträchtigungen.« Vielleicht, vielleicht auch nicht. Der Standpunkt des Betrachters hängt wohl hauptsächlich davon ab, von welcher Seite er durch die Gitterstäbe geschaut hat.

Abel, einen wohlsituierten Familienvater, traf es noch härter. Er wurde während der Arbeitszeit in seinem Betrieb verhaftet und musste anschließend die ganze Nacht im Polizeigewahrsam verbringen. Der Tatvorwurf wog schwer: Abel wurde bezichtigt, seine Nachbarin Ricarda vergewaltigt zu haben. Als der Delinquent davon erfuhr, stieß er spitze Schreie aus und zerraufte sich seine Dauerfönwelle. »Herr Kriminalkommissar«, stammelte er. »Kennen Sie Frau Ricarda?«

»Nein, woher.«

»Meine Nachbarin glaubt felsenfest an Außerirdische. Sie stinkt aus dem Maul und wäscht sich nie. Doch das überzeugendste Argument dürfte sein: Meine Nachbarin wird zwar erst im Herbst 80 Jahre, wirkt aber wesentlich älter!«

Die Beamten fanden schnell heraus, dass Ricarda nicht mehr richtig tickte und roch wie ein Iltis. Der Vorwurf war erstunken und erlogen. Das Ermittlungsverfahren gegen Abel wurde eingestellt. Doch im Gegensatz zu Rudi billigte ihm das Gericht ein Schmerzensgeld in Höhe von 1 500 Euro zu: »Bei der Schmerzensgeldbemessung ist berücksichtigt worden, dass der Ruf des Klägers in erheblicher und äußerst unangenehmer Weise geschädigt wurde. Schmerzensgelderhöhend wirkte sich auch die ungerechtfertigte und freiheitsentziehende Maßnahme als erhebliche Beeinträchtigung aus.«

Wie konnte es zu diesem abweichenden Richter-
spruch kommen? Ganz einfach, Abel hatte nicht das
Land, sondern seine Nachbarin verklagt. Und wenn
zwei das Gleiche tun, ist es noch lange nicht dasselbe.

UND DER LUSTIGE CLOWN SPRACH:
»DAS IST EIN ÜBERFALL!«

In der französischen Kriminalkomödie »Der Boss« von
1985 verkleidet sich Jean-Paul Belmondo als Clown
und überfällt eine Bank. Der Coup gelingt – und nach
einigen Schwierigkeiten auch die Flucht. Dieser Strei-
fen gefiel dem amerikanischen Komiker Bill Murray so
gut, dass er 1990 unter dem Titel »Ein verrückt genialer
Coup« ein Remake wagte, den Film selbst produzierte,
Regie führte und die Hauptrolle spielte. Aber es reicht
nicht aus, keine eigene Ideen zu haben. Man muss auch
noch unfähig sein, sie umzusetzen. Das Lustspiel wurde
ein Flop.

Im Jahr 2005 gab es dann eine weitere Fortsetzung. Sie
spielte sich allerdings nicht auf der Leinwand ab, sondern
im richtigen Leben. Die 26-jährige Sabina, Mutter zweier
Kinder, nahm sich die Clownsmaske ihres Sohnes Rodol-
fo und die Schreckschusspistole ihres Lebensgefährten
Klausdieter. Dann ging die Sozialhilfeempfängerin mit
einem großen Beutel aus dem Haus. Sie steckte in finanziellen Schwierigkeiten, weil ihr 21 Jahre älterer Partner
nahezu den gesamten Familienetat für Schnaps und Bier
verbrauchte. Zwischen seinen alkoholischen Exzessen
pflegte er Sabina nach Strich und Faden zu verprügeln,
weil sie für ihn zu wenig Geld heranschaffte.

Die 52-jährige Kleinunternehmerin Elisa hatte einen
Zeitungsladen gepachtet, in dem sie ihre Kunden mit
Druckschriften, Tabakwaren und den neuesten Nach-
richten aus der Nachbarschaft versorgte. An einem Tag im
Mai öffnete sich bimme-limme-lim die Eingangstür. Ein
lustiger Clown trat herein. Elisa blickte verdutzt. Hatte

sie das Ende vom Fasching verpasst? Aber nein, der Clown sprach mit zittriger Gangsterstimme: »Das ist ein Überfall!« Dann fuchtelte er mit einer gefährlich wirkenden Wumme vor der Nase der Zeitungsverkäuferin herum.

Elisa war 1,85 Meter groß, wog 220 Pfund und hatte vor nichts auf der Welt Angst, Kreuzspinnen ausgenommen. »Haste 'ne Macke?«, belferte die Geschäftsfrau entrüstet und ließ ihre kohlenschaufelgroße Pranke auf das zarte Ärmchen des Clowns klatschen. Die Knarre fiel zu Boden. Elisa kickte sie unter ein Illustriertenregal. Der Clown schrie entsetzt auf und versuchte, Fersengeld zu geben. An der Tür stoppten zwei Gymnasiasten den Fluchtversuch und rissen die Maske herunter.

Sabina flehte um Erbarmen, vergebens. Die Zeitungsfrau rief die Polizei.

Vor Gericht, wo Elisa als Zeugin aussagen musste, tat ihr das schon wieder leid. »Angst ha' ick nich jehabt vor det zierliche Persönchen. Jeflennt hat se danach, Rotz un Wassa jeheult. Eijentlich müsste ihr Oller hier sitzen, diese Pfeife. Jeben Se sich nen Ruck un der Frau eene Chance, Euer Ehren.«

Der Richter tat, wie ihm geheißen und ließ noch einmal Gnade vor Recht ergehen. Wegen versuchter räuberischer Erpressung – so hieß der gescheiterte Überfall im korrekten Behördendeutsch – erhielt Sabina eine Freiheitsstrafe von zwei Jahren, die wegen der besonderen Umstände und dem bisherigen einwandfreien Lebenswandel der Angeklagten ausnahmsweise zur Bewährung ausgesetzt wurden.

Eine Wiederholungsgefahr besteht kaum, denn der ewig betrunkene Lebensgefährte Klausdieter hat inzwischen den Laufpass bekommen.

DER FURCHTBARE STRAFVERTEIDIGER

Im Dritten Reich wurden solche Richter furchtbare Juristen genannt, die überhaupt kein Problem damit hatten, Menschen wegen irgendwelcher Nichtigkeiten zum Tode zu verurteilen, solange es eine gesetzliche Grundlage dafür gab. Rechtsanwalt Dr. Gernot zeigte kürzlich, dass auch bei uns die furchtbaren Juristen noch längst nicht ausgestorben sind.

Folgendes war passiert: Dietmar, ein 35-jähriger Mitarbeiter in einer Vermögens- und Anlagenberatungsgesellschaft, war schon mehrfach negativ im Straßenverkehr als aggressiver Raser aufgefallen. Seine letzte Nachschulung lag gerade ein halbes Jahr zurück, als an einem Wochenende in seiner Firma die besten Verkäufer der letzten zwölf Monate prämiert wurden. Dietmar gehörte dazu. Der Sekt floss in Strömen.

Gegen 24 Uhr setzte sich der 35-jährige an das Steuer seines Sportwagens. Neben ihm nahm sein Kollege Ulf Platz, ein weiterer Mitarbeiter namens Kalman quetschte sich dahinter auf die Rückbank. Ab ging die Post. Dietmar war schwer betrunken und euphorisiert. Verkehrsregeln interessierten ihn nicht. Mit Tempo 100 raste er Straßen entlang, auf denen maximal 50 km/h erlaubt waren, und überfuhr eine rote Ampel nach der anderen. Fünfmal ging es gut. An der sechsten Kreuzung kam von rechts ein Jaguar. Der Sportwagen rammte die Limousine seitlich in Höhe der Vordertür. Kalman und Dietmar überlebten leicht verletzt. Aber ihr Kollege Ulf sowie Conrad, der 64-jährige Fahrer des britischen Wagens, waren tot.

Gegen den Unfallverursacher wurde Anklage erhoben. Der Tatvorwurf lautete auf fahrlässige Tötung. Dietmar nahm sich Dr. Gernot als Rechtsbeistand. Der Anwalt setzte auf eine äußerst aggressive Verteidigungsstrategie. Er überzog das Gericht mit zahllosen Beweis- und Befangenheitsanträgen, und versuchte die Zeugen einzuschüchtern. Er behauptete, die Beifahrer Ulf und Kalman hätten Dietmar gegen dessen Willen mit Alkohol traktiert und später zu der Trunkenheitsfahrt überredet.

Ulf konnte sich gegen die Vorwürfe nicht wehren, weil er nicht mehr lebte. Kalman war so verzweifelt, dass er einige Tage nach der Zeugenbefragung Selbstmord beging. Dr. Gernot ließ sich davon nicht erschüttern, ganz im Gegenteil. Er beantragte die Exhumierung von Conrad, dem getöteten Jaguar-Fahrer. »Die Staatsanwaltschaft hat es leichtfertig unterlassen zu überprüfen, ob der Unfallgegner tatsächlich an den Folgen des ersten Aufpralls und nicht später aus einem ganz anderen Grund – beispielsweise wegen eines ärztlichen Kunstfehlers – verstorben ist.«

Durch den Gerichtssaal lief ein Sturm der Entrüstung. Der Rechtsanwalt ließ sich davon nicht beirren. »Emotionale Befindlichkeiten dürfen der Wahrheitsfindung nicht entgegenstehen«, entgegnete er kühl.

Das Gericht zog sich zur Beratung zurück. »Die Tage bis zur Ablehnung des Antrags waren die Hölle für unsere Familie«, meinten die Söhne von Conrad später.

Nach dem Ende der Beweisaufnahme und den Schlussplädoyers folgte das Urteil. Dietmar wurde zu einer Freiheitsstrafe von dreieinhalb Jahren verurteilt. Noch im Gerichtssaal wurden ihm Handschellen angelegt. Außerdem sprach das Gericht ein lebenslanges Fahrverbot aus. »Das Strafmaß war unvermeidlich, um der Allgemeinheit zu zeigen, zu welchen Konsequenzen solch ein rücksichtsloses Fahrverhalten führt«, erläuterte der Richter. Dann wendete er sich Dr. Gernot zu und donnerte: »In 28 Jahren Strafjustiz ist mir noch nie so sehr die Nähe zwischen dem hohen Gut des Rechts auf Verteidigung und einem buchstäblichen Über-Leichen-Gehen untergekommen.«

Dr. Gernot verbeugte sich betont höflich. Dann kündigte er an, Revision einlegen zu wollen.

DER VERHINDERTE LOKOMOTIVFÜHRER

»Advokaten und Soldaten sind des Teufels Spielkam'raden«, weiß ein Sprichwort zu berichten. Trotzdem kommen heutzutage immer weniger Menschen ohne den tatkräftigen Beistand eines Anwaltes aus, denn – wie die Franzosen sagen – »Gut Recht bedarf der Hilfe«.

Aber zwischen recht haben und recht bekommen besteht ein riesengroßer Unterschied, und die Mühlen der Justiz mahlen (ähnlich wie Gottes Mühlen) langsam, langsam, immer langsamer.

Viele Mandanten verstehen nicht, weshalb ihre Sache nur schleppend in die Gänge kommt, und geben ihrem Rechtsanwalt die Schuld. So auch Abel, der sich seit drei Jahren mit einem quälenden Bauprozess herumschlagen musste. Schludrige Handwerker hatten ihm ein sogenanntes Niedrigenergiehaus hingesetzt, in dem er selbst im Sommer heizen musste.

Im sogenannten Beweissicherungsverfahren hatten diverse Gutachter ihre Besichtigungstermine auf exakt 24 Monate verteilt, und im anschließenden Hauptsacheverfahren herrschte seit vielen Wochen Funkstille.

Abel nahm Volker, seinen Rechtsanwalt, ins Gebet. »Wenn hier nicht bald etwas passiert, ist die Baufirma pleite. Wer soll dann den Pfusch in Ordnung bringen? Tun Sie mal endlich was für Ihr Geld!«

»Guter Mann«, entgegnete Volker, »erstens habe ich noch keinen einzigen Pfennig gesehen, weil Sie Prozesskostenhilfe bekommen und die Staatskasse bislang meine Vorschussforderung ignoriert hat. Zweitens sind mir die Hände gebunden. Das Landgericht ist völlig überlastet. Die Verhandlungstermine werden ein Jahr im Voraus vergeben.«

»Faule Ausreden«, erboste sich Abel, »Sie haben vom Baurecht keine Ahnung, daran liegt es. Sie können nur Fälle gewinnen, bei denen der Hund in Nachbars Garten bellt.«

Volkers Gesicht nahm die Farbe seiner blauroten Krawatte an. »Das ist nun der Dank für meine jahrelange Tätigkeit«, zischte er. »Aber nun ist das Maß voll. Ich lege mein Mandat nieder, jawohl! Noch heute informiere ich das Gericht!«

Das tat er dann auch. Aber plötzlich, Wunder über Wunder, hatten die fernen Richter Zeit für den Fall. Sie schrieben postwendend zurück: »Die Äußerung des Mandanten war geeignet, die Zusammenarbeit empfindlich zu stören. Trotzdem müssen vor einem Rücktritt alle Umstände des Einzelfalls sorgsam abgewogen und die Interessen der am Rechtsstreit beteiligten Parteien berücksichtigt werden. In dem umfangreichen Bauprozess ist bereits umfassend Beweis erhoben worden. In einem solchen Fall kann man von einem Anwalt erwarten, dass er die abschließenden anwaltlichen Aufgaben noch für den Mandanten wahrnimmt.«

»Oh mein Gott«, stöhnte Volker verzweifelt, »wäre ich doch nur Lokomotivführer geworden, wie ich es mir immer gewünscht hatte.«

12. Kapitel

REISEMANGEL, SCHMERZENSGELD, SCHNARCHEN, SCHÖNHEITSREPARATUREN, SCHRANKE

NACH DEM SAND KAM DIE FEUCHTIGKEIT

Eine Urlaubsreise in ferne Länder besteht zu 90 Prozent aus Vorfreude und zu zehn Prozent aus Erinnerungen daran. Lorina und Robert, einem Ehepaar Mitte Vierzig, konnte es nicht weit genug gehen. Sie buchten beim ABC-Reiseveranstalter eine vierzehntägige Flugreise zu den Seychellen, jener aus 112 Eilanden bestehenden Inselgruppe vor der afrikanischen Küste. Für je 3632 Euro pro Person ließen sie sich im »Hot Sun Resort« auf der Insel La Digue ein Appartement in unmittelbarer Strandnähe reservieren.

Der Flug war äußerst strapaziös. Aber das »Hot Sun Resort« vor Ort sah ganz genauso aus, wie auf den Werbefotos im Prospekt: gelber Sand, glasklares blaues Meer, Kokospalmen, hübsche weiße Häuschen. Aber es bestanden trotzdem gravierende Unterschiede zwischen der Wirklichkeit, und dem, was sich das Ehepaar vorgestellt hatte. Zum einen wehte in der ersten Woche eine steife anlandige Briese vom Indischen Ozean her, die feinkörnigen Sand aufwirbelte und die Sonnenanbeter auf der Terrasse wie mit Puderzucker bestäubte oder mal wie Nadeln stach. In der zweiten Woche blieb der Wind aus. Die Luftfeuchtigkeit stieg steil an und näherte sich der 100-Prozent-Marke. Just zu diesem Zeitpunkt fiel im 5-Sterne-Hotel die Stromversorgung aus und die Klimaanlage funktionierte mehrere Tage lang nicht. Lorina und Robert lagen wie ans Ufer geschwemmte Fische im Schatten, japsten nach Luft und zählten die Stunden bis zur Abreise. Als es dann so weit war, schrie die gute Gattin wie am Spieß: Ihre hübschen Designer-Klamotten in den Schränken waren aufgrund der hohen Luftfeuchtigkeit teilweise verschimmelt.

Gleich nach seiner Rückkehr machte Robert beim ABC-Reiseveranstalter eine Reisepreisminderung in Höhe von 1000 Euro geltend. Bernardo, der Direktor, bestritt alle Vorwürfe. Nun zog Robert vor Gericht. In der Klageerwiderung schrieb Bernardo: »Zu keinem Zeitpunkt war der Strom ausgefallen. So etwas kommt auf den Seychellen nicht vor. Zu Beweiszwecken beantrage ich, Herrn Corey, den Manager vor Ort, als Zeugen zu laden.«

Robert nahm dazu Stellung: »Dieser Beweisantrag ist absurd, da die Kosten unverhältnismäßig hoch wären.«

Daraufhin empörte sich Bernardo: »Hohes Gericht, ich verlange, dass dieser Angriff auf die Rechtsstaatlichkeit entschieden zurückgewiesen wird.«

Der Richter tat dies auch sofort. Er schrieb: »Gegen eine Einvernahme des Zeugen Corey bestehen keine Bedenken. Das Gericht beabsichtigt, dazu einen Lokaltermin durchzuführen. Dem Beklagten wird aufgegeben, einen Auslagenvorschuss in Höhe von 6000 Euro einzuzahlen. Ohne das Ergebnis der Beweisaufnahme vorwegnehmen zu wollen, wird allerdings angeregt, einen Vergleich dergestalt zu schließen, dass der Beklagte einen Betrag in Höhe von 500 Euro an die Kläger zahlt.«

Sowohl Robert als auch Bernardo fühlten sich nun reisefertig (1).

(1.)   reisefertig: Erschöpfungszustand nach Urlaubsreise.

NIEMALS ABENDS INS GRIECHISCHE RESTAURANT

Es gibt Dinge, die tut ein vernünftiger Mensch einfach nicht. Neben dem Verborgen von Geld, Füllfederhaltern und der eigenen Frau gehört dazu eine Einkehr beim Griechen in den Abendstunden. Dort werden die Gäste nämlich derart mit leckeren Speisen und Strömen von süffigem Ouzo verwöhnt, dass ihnen anderentags der vom pochenden Kopfschmerz getrübte morgendliche Blick auf die Badezimmerwaage unweigerlich die Schamröte ins Gesicht treibt. Bereits der Verzehr eines Kindergerichts wird beim Griechen zu einer schweißtreibenden Angelegenheit, die selbst Rummelboxer, Straßenbauarbeiter und polnische Erntehelfer bis an ihre Leistungsgrenze treibt. Der unbedarfte Gast aber, der sich nichtsahnend die Grillplatte »Kreta« (für den großen Hunger) bestellt hat, wird spätestens nach einer Stunde den aussichtslosen Kampf gegen die uneinnehmbaren Fleischberge aufgeben und ächzend sämtliche Knöpfe an seinem Hosenbund öffnen.

Deshalb lautet die Regel: Niemals abends zum Griechen! Aber es gibt auch Ausnahmen. Das sind die Tage vor Weihnachten. In Anbetracht der unausweichlichen Völlerei unterm Tannenbaum, ist der Grieche praktisch eine Dehnübung.

Heribert und Freia waren ein Ehepaar mittleren Alters. Was der gute Gatte seiner Gemahlin an Größe voraus hatte, machte sie an Gewicht wieder wett. Gemeinsam waren sie nur 3,25 Meter groß, wogen aber 185 Kilogramm. Drei Tage vor Weihnachten gingen sie zum »Koloss von Rhodos« und ließen es dort so richtig krachen. Heribert bestellte sich den »Sirtakischmaus«, der aus diversen gesottenen und gebratenen Fleischstücken, Lendenspießen, Leber, Cevapcici, Gyros, Reis sowie frittiertem Gemüse bestand. Dazu gab es reichlich Knoblauchbrot, Feta und Tzatziki. Freia war wesentlich bescheidener. Sie nahm mit drei Pfund hausgemachter

Nudeln in würziger Sahnesauce vorlieb. Natürlich plus Bohnensuppe und Vorspeisenplatte.

Der Ehemann strahlte fröhlich und ölig. Doch mitten im mundenden Mahl machte es plötzlich hörbar knickeknacke. Heribert schossen die Tränen in die Augen und er spuckte einen Backenzahn aus. »Abgeblochen. In den Hacklöllchen wal ein Flemdkölpel, ein Felstlümmel!«

Weil das anschließende Gespräch mit Marco, dem Inhaber vom »Koloss von Rhodos« keine Klärung brachte, reichte Heribert Klage ein. Er forderte den Ersatz des Eigenanteils in Höhe von 505,75 Euro an den Gesamtkosten der zahnärztlichen Behandlung, die Zahlung eines angemessenen Schmerzensgeldes sowie die Feststellung der Ersatzpflicht von Marco für alle zukünftig aus dem Ereignis entstehenden Schäden.

Der Richter fragte: »Sie haben also auf einen Stein gebissen?«

»Jawohl, Euer Ehren«, erwiderte der inzwischen wieder sprachgewandte Kläger. »Der Stein befand sich in einem Cevapcici.«

»Wo ist der Brocken?«

»Den habe ich in der Aufregung heruntergeschluckt.«

Der Richter verdrehte die Augen. »Das Abbrechen eines Zahns ist nicht typischerweise auf das Vorhandensein eines verborgenen Fremdkörpers zurückzuführen. Ursachen können auch eine Vorschädigung des Zahns oder Knochen- oder Knorpelreste sein. Doch da der Kläger schon nicht nachweisen kann, dass sich in dem Hackfleischröllchen ein Fremdkörper befand, bedarf es keines Eingehens auf die Frage, ob der Beklagte die dann gegebene Pflichtverletzung zu vertreten hat.«

Die Klage wurde abgewiesen. »Je voller der Magen, desto leerer der Kopf«, lautet schon eine alte Bauernregel.

SLAPSTICK-NUMMER MIT FLIEGENDEN HÄPPCHEN

Ein Bundestagsabgeordneter führt ein hartes Leben. Jeder Tag ist vollgestopft mit Terminen bis unter das Dach. So war es auch am Freitag, dem 13., beim Volkswirt und MdB Gaard-Dewald. Um 8.30 Uhr traf sich der Sonderausschuss für Bedarfsdeckungsdurchdringung, um 11 Uhr fand ein Gespräch in der Industrie- und Handelskammer statt, um 13 Uhr hatte sich das spanische Fernsehen zum Interview angemeldet, um 14.30 Uhr erwartete der Konsul von Molwanien den Austausch diplomatischer Noten, um 17 Uhr begann das traditionelle Böllern beim Schützenverein »Stolper Heide e.V.«, um 18.30 Uhr musizierte das Kammerquartett »Dare i Numeri« im kleinen Saal vom Lions-Club, und um 20.45 Uhr lud der Kultur- und Kunstverein zum Empfang in die Rotunde vom Pegamoid-Museum.

Gaard-Dewald hatte den Begriff »Empfang« im Unterbewusstsein mit Essen und Trinken in entspannter Atmosphäre verknüpft. Stattdessen gab es zum Auftakt ein 40minütiges Referat über die »Seinsversachlichung im Begriff des Werdens« mit anschließender Diskussion. Der Volkswirt hing wie ein Schluck Wasser an einem Stehtisch. Hin und wieder nippte Gaard-Dewald aus lauter Verzweiflung an einem durchsichtigen Plastebecher mit warmem Schaumwein. Zwischen Schluckauf- und Magensäureattacken versuchte er sich daran zu erinnern, wann er zuletzt Nahrung in fester Form zu sich genommen hatte. Vergeblich, es wollte ihm nicht einfallen.

Gegen 22.15 Uhr hörte er hinter sich aufgeregtes Gemurmel. Dort war nämlich wie eine gute Fee die Vereinspräsidentin Dr. Evelyn mit leckeren Häppchen aufgetaucht. Der Abgeordnete drehte sich um, dummerweise zur falschen Seite. Er bemerkte die gute Frau nur noch im Vorbeihuschen und zog deshalb sein lässig nach hinten ausgestrecktes Bein eine Zehntelsekunde zu spät zurück.

Die Präsidentin trug das Tablett mit den Schnittchen zwischen den Händen. Sie konnte deshalb das auf dem Fußboden lauernde Hindernis in Form eines blankgeputzten Budapester Schuhs nicht sehen. Dr. Evelyn tat einen kühnen Ausfallschritt nach vorn, wechselte – bedingt durch den sie behindernden engen Rock – ruckartig von der Vertikalen in die Horizontale und zeigte den staunenden Anwesenden einen formvollendeten Kopfsprung, der einer Franziska van Almsick würdig gewesen wäre. Zum Abschluss dieser akrobatischen Einlage führte sie noch ein besonderes Kunststück vor: Sie zog die ausgestreckten Arme an den Körper zurück, so dass sie mit dem Gesicht mittenmang der belegten Broten landete, was den harten Aufprall auf dem Parkett abminderte. Viele Besucher meinten, diese Slapstick-Nummer sei das beste Ereignis des Abends gewesen.

Dr. Evelyn war ganz anderer Meinung. Sie forderte für die erlittene Schmach Schadensersatz und Schmerzensgeld. In Anbetracht der Einkommensverhältnisse eines Abgeordneten hielt sie 7 500 Euro für angemessen. Gaard-Dewald wollte nicht zahlen. Schließlich hatte er an dem Abend mit knurrendem Magen nach Hause fahren müssen.

Das Gericht urteilte: »Es ist von einem Gast einer lockeren Feier nicht zu erwarten, dass er das Geschehen über den Bereich eines Stehtisches hinaus beobachtet. Darüber hinaus gilt als allgemein bekannt, dass man zur Gewichtsverlagerung seinen Fuß auch nach hinten setzt.«

Pech für Dr. Evelyn, gleich doppelt gut für Gaard-Dewald. Er hat Geld gespart, und den Termin beim Kultur- und Kunstverein kann er zukünftig in seinem Kalender streichen.

EINMAL NICHTSCHNARCHER BITTE

Produzenten von Katastrophen- und Actionstreifen greifen, wenn ihnen nichts besseres einfällt, auf das Sujet des Flugzeugfilms zurück. Auf diese Weise wurde mit Dennis Quaid »Der Flug des Phoenix« reanimiert, der genauso langweilig wie das Original aus dem Jahr 1965 war, in dem James Stewart die Hauptrolle spielte. Bei dem Thriller »Flightplan«, der ohne großen Erfolg in den Kinos lief, drehte sich alles um finstere Machenschaften in einem Jumbojet. Hauptdarstellerin Jodie Foster wurde für ihre überzeugende Mimik und Gestik gelobt, aber selbst sie kam nicht gegen das hahnebüchene Drehbuch an, das mehr Löcher aufwies als ein Fischernetz.

Allerdings gibt es Kinos, in denen niemals ein Flugzeugabsturzfilm gezeigt wird. Und sollte ein normaler Krimi, mit Autoverfolgungsjagden und Pistolengefechten auf offener Straße, ganz am Rande eine Flugzeug-Actionszene enthalten, so wird sie garantiert herausgeschnitten. Diese Kinos befinden sich – ganz klar – in Flugzeugen. Die Passagiere sollen nicht beunruhigt werden.

Trotzdem ist Fliegen kein Spaß. Wer eine gefährliche Waffe (wie beispielsweise einen Zahnstocher oder einen Fingernagelknipser) bei sich führt, bekommt Ärger. Rauchen ist absolut verboten. Und ein Fluggast, der leichtsinnigerweise das Wort »Bombe« in den Mund nimmt (ganz egal in welchem Zusammenhang, ob etwa Plombe auf sächsisch, Eisbombe oder Bombenwetter), findet sich Sekunden später mit auf den Rücken gebundenen Händen auf dem Fußboden wieder.

Doch damit hat der Ärger längst noch kein Ende. Hubert beispielsweise, ein gutbetuchter Manager im dunklen Nadelstreifenanzug, nahm einen Flieger in die Staaten. Da er weder Ölsardinen aß, noch sich selbst wie eine fühlen wollte, buchte er die luxuriöse Businessclass mit bequemen Schlafsesseln, Tomatensaft im Glas und leckeren Häppchen zwischendurch. Aber er hatte sich zu früh gefreut. Neben ihm nahm ein russischer Geschäftsmann Platz, der Fjodor Iwanowitsch hieß und zum Frühstück reichlich Wodka und noch mehr Knoblauch konsumiert hatte. Hubert begegnete der Geruchsattacke mit Nasenstöpseln, doch dann war er mit seinem Latein am Ende. Fjodor bekämpfte seine Flugangst mit mehreren Sto Gramm und fiel in einen komatösen Tiefschlaf, aus dem ihn auch intensivstes Rütteln und Schütteln nicht erwecken konnte. Stattdessen schnarchte er auf Teufel komm raus und reduzierte emsig den sibirischen Baumbestand.

Nach seiner Rückkehr forderte Hubert von der Fluggesellschaft einen gehörigen Nachlass. Bei den teuren Ticketpreisen hätte er ein Anrecht auf Ruhe gehabt. Aber auch das Gericht konnte keinen Reisemangel erkennen: »Das Schlafen während eines Langstreckenfluges ist völlig normal und klassenunabhängig. Das Schnarchen einzelner Personen stellt lediglich eine Unannehmlichkeit dar, die keine Schadensersatzpflicht nach sich zieht.«

Bei der nächsten Buchung sollte man deshalb bestellen: »Einmal Nichtschnarcher bitte!«

SCHWARZE TÜREN UND DIE TRAUER ÜBER DIE VERFLOSSENE ZEIT

Im Leben vieler Menschen ist die Unbeständigkeit das einzig Beständige. Der Folksänger Hannes Wader schrieb ein Lied darüber: »Heute hier, morgen dort, bin kaum da, muss ich fort ... So vergeht Jahr um Jahr, und es ist mir längst klar, dass nichts bleibt, dass nichts bleibt, wie es war.«

Doch es gibt auch Leute, die sich nicht vom Fleck bewegen, die von der Wiege bis zur Bahre an einem einzigen Ort ausharren. Der 1935 geborene Dietwolf war einer von ihnen. Nach der achten Klasse ging er von der Schule ab und lernte Automechaniker. Er arbeitete gleich um die Ecke seines Elternhauses in der einzigen Garage und Benzinstation seines Heimatortes. Kurz nach Abschluss der Gesellenprüfung heiratete er Burghild, die Tochter vom Chef. 1958 zog das Ehepaar in eine Dreizimmerwohnung. Das Mehrfamilienhaus war um die Jahrhundertwende erbaut worden. Es gab einen betonierten Hof und hinter dem Bretterzaun einen kleinen Garten, der von allen Mietern benutzt werden konnte.

Die Wohnung verfügte über ein Balkon zur Hofseite sowie eine Kammer mit Kohlebadeofen und Wanne. Die Fenster waren einfach verglast, die Räume wurden mit Kachelöfen beheizt, und die Toilette lag auf halber Treppe.

Dietwolf ging arbeiten, Burghild hielt als Hausfrau die Wohnung in Ordnung. Die Ehe blieb kinderlos. Das Geld war immer knapp. Aus diesem Grund und auch aus Angst vor der Fremde verreisten die Eheleute kein einziges Mal in ihrem Leben. Die große weite Welt kannten sie nur vom Fernsehen. In die Nachbarstadt kamen sie zum ersten Mal, als Burghild in der dortigen Klinik an der Galle operiert werden musste.

Die Garage mit Benzinstation wurde mehrfach verkauft und verwandelte sich im Laufe der Zeit in ein Autohaus mit Kfz-Werkstatt. Dietwolf stand dort bis zum Jahr 2000 in Lohn und Brot, dann ging er in Rente.

Auch das Mehrfamilienhaus wechselte wiederholt den Eigentümer. Dietwolf und Burghild widersetzten sich allen halbherzigen Modernisierungsversuchen. Sie blieben selbst ihren Kachelöfen treu. Zum Schluss mussten sie sich ihre Briketts mit dem Handwagen im Baumarkt holen, weil der örtliche Kohlenhändler mangels Kundschaft aufgegeben hatte.

Eines Tages kündigte sich ein neuer Vermieter zum Besuch an. Der Hauswirt hieß Yves, war jung und dynamisch und hatte große Pläne. Seine Gesichtszüge entgleisten, als er die Wohnung des Rentnerehepaares sah. Seit dem Einzug im Jahr 1958 hatte kein Maler mehr die Räume betreten. Die Tapeten besaßen den Gilb und lösten sich aus Scham darüber von den Wänden. Die ehemals weißen Türen waren vor Trauer über die verflossene Zeit schwarz geworden.

Yves handelte sofort und verklagte seine Mieter auf Zahlung eines Kostenvorschusses für Schönheitsreparaturen in Höhe von 13 000 Euro. Das Gericht urteilte in seinem Sinne: »Sofern der Mieter laut Mietvertrag die Pflicht zur Durchführung von Schönheitsreparaturen übernommen hat, wird der Anspruch des Vermieters fällig, sobald die Mietwohnung bei objektiver Betrachtungsweise renovierungsbedürftig ist.«

Verloren haben beide Parteien. Dietwolf und Burghild sind ihr Geld los, aber Yves ist in der Sache noch keinen Schritt weiter gekommen. Die Wohnung befindet sich noch immer auf dem Niveau von 1958, nur ihr Zustand ist wesentlich schlechter. Weitere Prozesse werden also folgen. Nicht umsonst heißt es bei Curt Goetz, dass Wohnen eine Beschäftigung sein kann, die den Menschen ausfüllt.

DER KAMIKAZEFAHRER AM BAHNÜBERGANG

Früher beim Kaiser und noch einige Zeit danach gab es Bahnwärter, die streng nach Fahrplan die Schranken herauf- und herunterkurbelten. Doch wenn einmal ein Zug über Gebühr auf sich warten ließ (denn Zugverspätungen sind keine Erfindung der Deutschen Bahn AG), kam es durchaus vor, dass der Bahnwärter die geschlossenen Schranken für einen kurzen Moment nach oben zog, um vor der nahenden Dampflok schnell noch ein eiliges Fuhrwerk durchzulassen.

Diese Form menschlichen Versagens ist heutzutage natürlich völlig ausgeschlossen. Es gibt nichts mehr von Hand zu kurbeln. Doch der Teufel ist listig. Um alle diejenigen zu verführen, die schwachen Glaubens sind, hat er die Halbschranke erfunden.

Ingenieur Diethelm wohnte in einem kleinen Dorf. Unter der Woche rumpelte er in seinem Auto über eine Landstraße dritter Ordnung in die Kreisstadt zur Arbeit – morgens 15 Kilometer hin und abends wieder zurück. Er kannte die Strecke wie im Schlaf. Auf halbem Weg musste er einen Bahnübergang passieren. Obwohl in dieser Gegend nur noch selten ein Zug verkehrte, stand die Signalanlage so gut wie immer auf Rot. Diethelm hatte damit kein Problem. Regelmäßig umfuhr er die Halbschranke. Doch wie es eine Regel gibt, gibt es auch eine Ausnahme. Die Ausnahme in Diethelms Fall bildete die Sonderfahrt eines Güterzuges. Er transportierte Betonelemente und fegte mit hoher Geschwindigkeit die Strecke entlang. Der Ingenieur hingegen war in Gedanken versunken, die sich hauptsächlich um den vergangenen Skatabend im Dorfkrug drehten. So kam es, dass er das vorbeizischende stählerne Ungetüm überhaupt nicht wahrnahm. Beim üblichen Umrunden der Halbschranke passierte es. Er knallte dem Güterzug direkt in die Seite. Diethelms koreanischer Kleinwagen verformte sich blitzschnell zu einer surrealistischen Plastik. Der Lokomotivführer hingegen hatte von dem Crash nicht das Geringste mitbekommen.

Eine halbe Stunde nach dem Unfall wurde der Ingenieur von der Freiwilligen Feuerwehr aus dem Autowrack geschnitten. Die folgenden sechs Wochen verbrachte er im städtischen Krankenhaus. Dort schlürfte er sein Frühstück aus der Schnabeltasse.

Einige Monate später erhielt er eine gerichtliche Vorladung zum Amtsgericht. Der Tatvorwurf lautete auf fahrlässigen Eingriff in den Schienenbahnverkehr. Nach kurzer Verhandlungsdauer wurde Diethelm zu einer Geldstrafe von 30 Tagessätzen á 40 Euro, insgesamt also 1200 Euro, verurteilt.

Der Kamikazefahrer fühlte sich schon so gestraft genug und legte deshalb gegen das Urteil Berufung ein. Begründung: »Da der Zug ungehindert weitergefahren ist, hat überhaupt keine Gefährdung vorgelegen.«

Beim Termin am Landgericht erschien Diethelm mit reichlich Foto- und Kartenmaterial zu Beweiszwecken. Doch der Richter weigerte sich, auch nur einen Blick darauf zu werfen. Er sagte: »Wissen Sie, ich halte es für unmöglich, eine geschlossene Halbschranke fahrlässig zu umfahren. So etwas geht nur vorsätzlich. Damit verlassen wir jedoch den Bereich der Geldstrafe und befinden uns auf dem Gebiet der Freiheitsstrafe. Da in diesem Fall aber Ihre persönliche Schuld gering zu sein scheint, will ich noch einmal Gnade vor Recht ergehen lassen. Zusammenfassend schlage ich vor, dass Verfahren gegen Zahlung einer Geldbuße in Höhe von 1200 Euro einzustellen. Wollen Sie es auf eine Beweisaufnahme ankommen lassen, oder sind Sie damit einverstanden?«

Diethelm stimmte hocherfreut zu: »Bei einer guten Erklärung kommt die schnelle Einsicht von ganz allein.«

13. Kapitel

SELBSTMORD, STEUERN, SCHWARZARBEIT, TAUBEN

DER FREITOD IST KEIN AUSWEG

Der Dichter Oscar Wilde wurde 1895 in England wegen einer sogenannten sittlichen Verfehlung zu harter körperlicher Zwangsarbeit verurteilt. Im Zuchthaus zu Reading erkrankte er schwer und bekam eine chronische Mittelohrentzündung. Nach seiner Haftentlassung ging er nach Frankreich ins Exil. Dort erlag er am 30.11.1900 im Pariser Hotel d'Alsace einer Hirnhautentzündung als Spätfolge seines chronischen Leidens. Auf dem Totenbett meinte der inzwischen hochverschuldete Poet sarkastisch: »Ich sterbe über meine Verhältnisse«. Oscar Wilde, der aus den Höhen eines umjubelten Schriftstellers in die Tiefen eines Sträflings abgestürzt war, hätte allen Grund gehabt, sich das Leben zu nehmen, aber er tat es nicht. Er sagte: »Selbstmord ist ein Kompliment, dass man der Gesellschaft nicht machen darf.«

Aber es gibt viele Leute, die sich an diesen Ratschlag Oscar Wildes nicht halten. In Deutschland sterben jährlich rund 12 000 Menschen durch Suizid. Es ist aber von einer wesentlich höheren Dunkelziffer auszugehen, weil viele Selbstmorde als Unfälle angesehen werden. Nur etwa jeder zehnte Selbstmordversuch glückt, rund 100 000 Lebensmüde können alljährlich gerettet werden. Die Statistik belegt, dass Frauen offensichtlich depressiver sind als Männer. Bei ihnen ist die Rate der Suizidversuche wesentlich höher. Allerdings sind Männer erfolgreicher: Drei Viertel aller geglückten Selbstmorde gehen auf ihr Konto.

Die beliebtesten Suizidarten sind Erhängen oder Ersticken (50 %), Todesstürze (10 %) und Vergiftung durch Medikamente (8 %). Die wirkungsvolle und relativ sichere Methode des Erschießens wird relativ selten angewendet (5 %). Der Grund ist ganz simpel: In Deutschland gibt es keine Schusswaffen frei im Handel zu kaufen.

Der 47-jährige Friedhelm, ein alleinstehender Bauarbeiter, hatte sich für eine äußerst spektakuläre Variante des Dahinscheidens entschieden: Er stürzte sich vor eine U-Bahn (5 % der Selbstmörder werfen sich vor ein Auto oder einen Zug, wie beispielsweise am 10.11.2009 der deutsche Nationaltorwart Robert E. in Neustadt-Eilvese, nördlich von Hannover). Aber im Gegensatz zu dem bekannten Fußballer hatte Friedhelm Pech oder Glück – er war erst im letzten Moment gesprungen, und das auch noch zu hoch. Dadurch prallte er nicht im Gleisbett oder unterhalb der Fahrerkabine auf, sondern wurde von dem einfahrenden Zug direkt erfasst und durchschlug die Frontscheibe. Im Führerstand klatschte er auf den Boden, obwohl betriebsfremden Personen der unberechtigte Aufenthalt dort streng untersagt ist.

Der U-Bahnfahrer Karel schrie wie am Spieß. Seine Panikattacke steigerte sich wesentlich, als er den blutüberströmten Friedhelm fluchen hörte: »Scheiße, ich lebe noch!«

Und so war es. Der Bauarbeiter konnte gerettet werden. Im Krankenhaus lag er Tür an Tür mit Karel, der dort sein schweres psychisches Trauma auskurierte. Den Verkehrsbetrieben war ein hoher materieller Schaden entstanden. Nach dem Motto »Dummheit muss bestraft werden« wollten sie wenigstens einen Bruchteil – nämlich 1574 Euro Lohnzahlungen an Karel während seiner Krankschreibung sowie 2616 Euro für die Reparaturen am Führerhaus – von Friedhelm wiederhaben.

Der Streit zog sich durch zwei Instanzen. Am Schluss entschied das Gericht, dass Friedhelm die Hälfte, also 2 095 Euro, plus seinen Anteil an den Gerichtskosten zahlen muss: »Wer wie der Beklagte die besonders spektakuläre und andere Menschen beeinträchtigende Art des Selbstmord wählt, sich vor den Zug zu werfen, der nimmt Schäden am Fahrzeug und den Schock des Fahrers billigend in Kauf.«

Selbstmord ist kein Ausweg, und schon gar nicht, wenn er über die eigenen Verhältnisse geht.

UM KLEINIGKEITEN KÜMMERN SICH VIELE RICHTER NICHT

Ein bekanntes Sprichwort sagt: »Steter Tropfen höhlt den Stein«. Als Rechtsanwalt Dr. Dankwart die folgende Geschichte an ihrem Ende zu rekapitulieren versuchte, gelang es ihm nicht mehr, sich an den Beginn des Tröpfelns zu erinnern. Aber er wusste noch ziemlich genau, was das Fass zum Überlaufen gebracht hatte.

Dr. Dankwart wollte die neue Anschrift eines ihm unbekannt verzogenen Schuldners ermitteln. Es ging um mehrere Tausend Euro. Die Zeit drängte. Der Advokat stellte eine entsprechende Anfrage an das zuständige Meldeamt. Zur Begleichung der dafür zu erwartenden Gebühren legte er seinem Brief einen Verrechnungsscheck über fünf Euro bei.

Die Antwort traf schon zwei Monate später bei ihm ein: »Sehr geehrter Herr Anwalt. Die gebührenpflichtige Auskunft kostet 4,75 Euro. Als Anlage erhalten Sie Ihren Scheck nebst Anschreiben zurück. Hochachtungsvoll ...«

Dr. Dankwart führte einen Indianertanz auf. Aber ihm blieb nichts anderes übrig. Er musste die Meldeamtsanfrage ein zweites Mal stellen. Diesmal legte er einen Scheck bei, der sich exakt auf 4,75 Euro belief. Bis jetzt hatte er reichlich Zeit, einen Briefumschlag, einen Briefbogen und eine Briefmarke über 0,55 Euro verloren, nur weil ihm das Meldeamt 0,25 Euro ersparen wollte.

Dann klingelte der Postmann gleich zweimal. Der Bote grinste verstohlen, denn er überbrachte einen Brief vom Finanzamt. Dieser enthielt den aktuellen Steuerbescheid. Aus ihm ging hervor, dass Dr. Dankwart ganz genau einen Euro an überzahlten Steuern zurückerhielt! Das Abfassen des Bescheids und die Überweisung des einen Euro hatten garantiert ein Zigfaches der Gutschrift gekostet, von den vorher verpulverten Steuerberaterkosten ganz zu schweigen.

Der Anwalt lächelte grimmig, setzte sich hin und prüfte alles nach. »Ha«, rief er höhnisch aus, denn das Finanzamt hatte sich zu seinen Ungunsten um 66 Cent verrechnet. »Was dem einen recht ist, ist dem anderen billig«, meinte Dr. Dankwart und forderte aus erzieherischen Gründen den Fehlbetrag von 0,66 Euro ein. Aber diesmal reagierte die Behörde anders als üblich. Sie weigerte sich, die Schuld zu begleichen.

Der Rechtsanwalt reichte Klage beim Finanzgericht ein. Ellenlange Schriftsätze wurden ausgetauscht und unterschiedliche Rechtsstandpunkte dargelegt. Dann machte ein Richter dem Treiben ein Ende, ohne sich mit der Sache an sich befasst zu haben. Er verfügte: »Der Kläger ist als Rechtsanwalt ein Organ der Rechtspflege und das beklagte Finanzamt als Behörde dem Grundsatz der sparsamen und effektiven Haushaltsführung verpflichtet. Das Gericht wendet daher den römische Rechtsgrundsatz ›Minima non curat praetor‹ (Um Kleinigkeiten kümmert sich das Gericht nicht) und die altdeutsche Regel ›Ein jeder kehre vor seiner Türe‹ an.«

Dr. Dankwart war mit dieser Entscheidung durchaus zufrieden. Doch ob das Finanzamt oder eine andere Behörde daraus irgendwelche Lehren gezogen hat, bleibt zu bezweifeln.

DER ÖLIGE OLAF

Olaf war Koch von Beruf. Er arbeitete in der kleinen Speisegaststätte »Wiesenperle« und bereitete hauptsächlich die beliebten vier BOSS-Gerichte zu: Bauernfrühstück, Omelett mit Pilzen, Schnitzel mit Bratkartoffeln und Steak mit Pommes Frites. Obwohl der 40-jährige Gastronom die angenehme, aber heimtückische Methode beherrschte, Muskelfleisch (vom Schwein) in Bauchfleisch (beim Menschen) zu verwandeln, gab es ständig Probleme mit ihm. Olaf nahm es nämlich weder mit der Reinlichkeit noch mit der Ordnung am Arbeitsplatz so genau. Seine speckige Kochmütze hing ständig auf halb acht. Aus dem karierten Handtuch vor seinem kugeligen Bäuchlein konnte ein halber Liter Speiseöl gewrungen werden. Und was ihm aus der Hand fiel, aber nicht freiwillig zurück auf den Teller sprang, blieb bis zum nächsten Morgen auf dem Fußboden liegen.

Gitte, die Chefin, versuchte es im Guten wie im Bösen. Als nichts fruchtete und Olaf sich seine soundsovielte Abmahnung völlig ungerührt unter die Küchenschürze steckte, platzte der Restaurantbesitzerin der Kragen. Sie sprach ihrem schmuddeligen Koch die fristlose Kündigung aus.

Olaf rannte schnurstracks zum Arbeitsgericht und reichte Kündigungsschutzklage ein. Aber er hatte keine Chance. Sein Prozess ging in die Hose. Draußen auf der Treppe vom Justizgebäude hob er drohend die Faust und schrie in Gittes Richtung: »Das werden Sie noch bitter bereuen!« Anschließend flitzte er zur Kriminalpolizei und erstattete Strafanzeige. Tatvorwurf: Massive Schwarzarbeit in der »Wiesenperle«.

Britta war Arbeitslosenhilfe-Empfängerin und alleinerziehende Mutter einer halbwüchsigen Tochter. Der Kindesvater zahlte keinen Unterhalt. Aber Britta resignierte nicht. Sie ging als Aushilfe in der »Wiesenperle«

kellnern. Am Monatsende erhielt sie dafür regelmäßig 153 Euro. Das Nebeneinkommen zeigte sie ordnungsgemäß beim Arbeitsamt an.

Eines Tages steckte ein dicker graublauer Umschlag mit dem Absender »Amtsgericht« in ihrem Briefkasten. Das Schreiben begann mit dem bösen Wort »Strafbefehl«. Im Text hieß es: »Sie werden angeklagt, das Vermögen eines anderen geschädigt zu haben, indem sie es unterließen, die von Ihnen tatsächlich ausgeübte, über 15 Wochenstunden hinausgehende Tätigkeit beim zuständigen Arbeitsamt anzugeben. Gegen Sie wird eine Geldstrafe in Höhe von 1 200 Euro festgesetzt.«

Britta legte gegen den Strafbefehl Einspruch ein. Das Gericht setzte zwei Verhandlungstage an. Es wurden acht Belastungszeugen geladen. Keiner von ihnen konnte bestätigen, dass Britta über das zulässige Maß hinaus gearbeitet hatte. Bis auf einen einzigen. Das war der (auch ohne speckiges Handtuch) sehr ölig wirkende Olaf: »Britta arbeitete vier Tage die Woche Vollzeit. Abends erhielt sie ihren Lohn aus der Schwarzgeldkasse in bar.«

Am Ende der Beweisaufnahme führte die Richterin ein Rechtsgespräch mit Staatsanwalt und Verteidiger: »Der Zeuge Olaf war zwar nicht sehr sympathisch, aber er wirkte glaubhaft.« Dann wurde gefeilscht, wie auf dem Basar. Nach einer Viertelstunde war der Handel perfekt: Das Strafverfahren gegen Britta wurde gegen Zahlung einer Geldbuße in Höhe von 400 Euro eingestellt. Das war allerdings nur ein Pilotprozess gewesen. Die Gerichtsverhandlungen gegen Gitte, die Chefin, und mehrere andere Mitarbeiter finden erst noch statt.

Da fällt einem nichts mehr ein, außer vielleicht: So lange sich die Sonne um die Erde dreht, wird die Gerechtigkeit siegen.

FÜTTERN VERBOTEN!

Minchen war seit vielen Jahren Witwe. Weil ihr geliebter Oskar an einem Mittwoch gestorben war, besuchte sie ihn immer mittwochs auf dem Friedhof. Wenn es das Wetter zuließ, setzte sie sich auf die grau verwitterte Bank neben seinem Grab und erzählte ihrem Mann alles, was ihr am Herzen lag. Im Laufe der Zeit hatte sich Ossele zu einem geduldigen Zuhörer entwickelt. Dort unten in der kühlen Gruft hatte er sonst nur wenig Abwechslung. Ab und an meldete er sich zu Wort. Dann trieb ein jäher Windstoß die welken Blätter vor sich her und raschelte in den Zweigen.

Vom Friedhof aus spazierte Minchen regelmäßig zum nahegelegenen Bürgerpark. Am Schwanenteich öffnete sie ihre abgewetzte Einkaufstasche und zog eine Plastiktüte mit Brotresten hervor. Das Wassergeflügel kam krächzend herbeigeschwommen, Dutzende Tauben und Sperlinge bildeten einen tschilpenden Kreis. Minchen verteilte die trockenen Krumen mit vollen Händen und rief begeistert: »Kommt her, meine Kinderchen, kommt!«

An einem Mittwoch im April flogen die Vögel plötzlich erschreckt von dannen. Minchen drehte sich um. Hinter ihr standen zwei Männer in blauen Uniformen und machten grimmige Gesichter. »Junge Frau«, sprach der eine von ihnen, noch ganz grün hinter den Ohren. »Sie haben gegen das in unserem Ort bestehende allgemeine Taubenfütterungsverbot verstoßen. Daher wird gegen Sie nach der gültigen Gemeindesatzung eine Geldbuße in Höhe von 20 Euro verhängt.« Nachdem sie den ersten Schreck überstanden hatte, tippelte Minchen hastig zurück zum Friedhof. Dort berichtete sie ihrem Mann von diesem unerhörten Vorkommnis. Abschließend fragte sie ihn: »Ossele, soll ich mich dagegen zu Wehr setzen?« Die Entgegnung erfolgte sofort. Eine jähe Bö zerzauste die Äste der Birke.

So kam die Sache vor Gericht. In zweiter Instanz

entschied der Senat für Bußgeldsachen am Oberlandesgericht, dass ein von einer Gemeinde angeordnetes Taubenfütterungsverbot im Einklang mit dem Verfassungsrecht stehen würde: »Das Füttern von Tauben als eine das Wohlbefinden von Tieren unterstützende Äußerungsform von Tierliebe kann bei Vorliegen vernünftiger Gründe nach Maßgabe des Verhältnismäßigkeitsgrundsatzes durch staatliche Maßnahmen beschränkt werden. In großen Scharen auftretende Tauben können nicht nur Schäden an Gebäuden verursachen, sondern durch Verunreinigungen auch zu persönlichen Beeinträchtigungen von Menschen führen. Ein Fütterungsverbot stellt demgegenüber einen nur sehr begrenzten Eingriff in die Freiheit der Ausübung von Tierliebe dar.«

Nach der Urteilsverkündung schlich Minchen mit mattem Gang zum Friedhof und tischte Ossele die schlechten Neuigkeiten auf. Seine Antwort kam prompt: In Sekundenschnelle verfinsterte sich der Himmel. Blitze zuckten und Hagelkörner, so groß wie Hühnereier, fielen auf den Ort darnieder. Der Schaden an zerstörten Dächern, zersprungenen Fensterscheiben und verbeulten Autokarossen war immens.

In den Zeitungen stand, die allgemeine Klimaerwärmung sei Schuld an dem heftigen Sommergewitter gewesen. Allein Minchen wusste es besser.

FLIEGENDE RATTEN

Tauben – es gibt 310 Arten davon, beispielsweise Brief-, Haus-, Hohl-, Lach-, Ringel-, Türken- und Turteltauben – nehmen Wasser auf eine ungewöhnliche Art zu sich, denn sie saugen es auf, anstatt es schnabelvoll zu trinken. Pablo Picasso schuf 1949 das weltweit bekannte Symbol der Friedenstaube, von der auch die Jungen Pioniere ein Lied sangen. Die Piazza San Marco, also der Markusplatz in Venedig, ist ohne Tauben unvorstellbar, und viele Menschen träumen von dem Land, wo Milch und Honig fließen und einem die gebratenen Tauben in den Mund fliegen.

Die Lage ändert sich dramatisch bei dem gurrenden Geflügel vor der eigenen Haustür. Die Straßentauben sind Nachkommen der Felstaube. Sie tragen den Beinamen »fliegende Ratten«, weil sie immensen Schaden anrichten und ahnungslosen Passanten weit unter ihnen sehr gerne den Detz zu beklecksen pflegen.

Sylvana wohnte in der dritten Etage eines Mietshauses. Oberhalb der Schlafzimmer- und Wohnzimmerfenster verlief ein Dachvorsprung, den sich ganze Taubenpopulationen zum ungestörten Nisten auserkoren hatten. Nachts raschelten, knisterten und schnäbelten sie dort herum, dass es nur so seine Art hatte. Die Tage pflegten sie dazu zu nutzen, beim Verrichten ihrer Notdurft das Balkonmobiliar einschließlich Brüstung und Fußboden flächendeckend weißgrau gesprenkelt einzufärben.

Sylvana meldete sich beim Hauseigentümer Friedrich und forderte Abhilfe. Doch jener meinte, er könne rein gar nichts tun. Dies sei zwar ein freies Land, trotzdem sei es aus völlig unverständlichen Gründen strengstens verboten, diese stinkenden Mistviecher mit einem Luftdruckgewehr abzuballern.

Sylvana entgegnete, im Nachbarhaus wäre das Problem durch das Anbringen eines Taubenschutzgitters gelöst worden.

»Hoho«, ließ sich Friedrich vernehmen. »Die Botschaft hör ich wohl, allein mir fehlt der Glaube. Für so ein Ding muss man schlappe 1 500 Piepen berappen. Wenn Sie das Gitter auf eigene Kosten anbringen wollen, gerne, meinen Segen haben Sie. Von mir aber sehen Sie keinen Cent. Sie haben die Wohnung wie besichtigt gemietet, nun müssen Sie mit dem Taubenschlag leben.«

Sylvana dachte nicht im Traum daran und reichte Klage ein. Friedrich fand ein weiteres Argument zu seinen Gunsten: »Die Taubenabwehr kann nicht Sache des Vermieters sein. Die in unserem Ort auftretende Taubenplage ist ein jedermann bekannter Umwelteinfluss.«

Doch vor Gericht wurde der Hauseigentümer zurechtgestutzt: »Die Beeinträchtigung des Mieters durch Taubendreck und -lärm ist ein Mangel der Mietsache, für dessen Beseitigung der Vermieter unabhängig von der Ursache und ihrer Beseitigungsmöglichkeiten verantwortlich ist. Der mitvermietete Balkon der klägerischen Wohnung muss in einem gebrauchsfähigen Zustand gehalten werden«.

Friedrich blieb nichts anderes übrig, als sich zähneknirschend zu fügen. Zum Ausgleich hat er sich den lustigen Georg-Kreisler-Evergreen auf CD gekauft, der vom »Taubenvergiften im Park« handelt.

14. Kapitel

TELEFONIEREN, TELEFONTERROR, TESTAMENT, TOTENFÜRSORGE, TOTSCHLAG

DAS PFERD FRISST KEINEN GURKENSALAT

Neuerdings gibt es kleine Fotoapparate zu kaufen, mit denen man nicht nur Bilder aufnehmen, sondern sogar telefonieren kann. Dabei ist es noch gar nicht so lange her, da hatten Mobiltelefone die Größe von tragbaren Telefonzellen. Wohl gänzlich in Vergessenheit geraten ist aber, dass zu Urgroßvaters Zeiten Telephon mit »ph« geschrieben oder als Fernsprechapparat bezeichnet wurde.

Seit wann es das Telefon gibt, lässt sich nicht so genau sagen. Antonio Meucci stellte 1849 in Havanna das erste akustische Telefon her, welches später durch Karl Weinhold weiterentwickelt wurde. Das erste elektrische Telefon bastelte Philipp Reis um 1860 aus einem Holzkasten, einem Schweinsdünndarm, zwei Platinstücken, einer drahtumwickelten Papprolle, einer Stricknadel, einer Zigarrenkiste sowie mehreren Drähten zusammen. Der erste Satz, der mit diesem Prototyp übertragen wurde, soll gelautet haben: »Das Pferd frisst keinen Gurkensalat.«

Es dauerte noch einige Jahre, bis 1876 der Amerikaner Alexander Graham Bell das Patent auf den ersten funktionsfähigen Fernsprechapparat anmeldete. 1878 wurde in den USA die erste Telefonverbindung in Betrieb genommen. Zwei Jahre später gab es in New York bereits 4 000 Anschlüsse.

Heutzutage sind die Amerikaner immer noch Spitzenreiter im Telefonieren, aber die Deutschen stehen ihnen nur wenig nach. Manchmal mit unangenehmen Folgen: Sebo war in einer Immobiliengesellschaft als Organisator beschäftigt. Eine Urlaubsreise führte ihn nach Mauritius, dem 1 500 Kilometer östlich von Afrika gelegenen Inselstaat. In einer Strandbar lernte er die einheimische Kreolin Samira kennen. Eine große Liebe begann, die über das Ende von Sebos Ferien andauerte.

Zurück in Deutschland war die Sehnsucht groß nach der dunkelhäutigen Schönen.

Glücklicherweise musste der Immobilienmakler keinen Bindfaden über die Kontinente spannen, um mit seiner Liebsten verbunden zu werden. Er griff zum Telefonhörer, und Sekunden später hatte er Samira an der Strippe. Sebo entwickelte sich zu einer regelrechten Plaudertasche. Innerhalb von zwei Monaten sprach er insgesamt 18 Stunden fern. Die Rechnung konnte sich sehen lassen: Sie belief sich auf 1 355,76 Euro! Allerdings wurde sie nicht Sebo präsentiert, sondern der Firma, bei der er beschäftigt war. Er hatte ausschließlich von seinem Arbeitsplatz aus mit Mauritius telefoniert.

Erst durch eine Fangschaltung kam sein Chef dahinter, wer das sauer erarbeitete Geld verpulverte. Die fristlose Entlassung folgte auf dem Fuße. Sebo legte dagegen Klage ein, aber das Gericht hatte kein Einsehen. »Unerlaubt und heimlich auf Kosten des Arbeitgebers geführte Privattelefonate können eine außerordentliche Kündigung rechtfertigen. Außerdem ließ der Kläger zu, dass der Verdacht zunächst auf einen unbeteiligten Kollegen fiel«, hieß es im Urteil. Sebos Klage wurde abgewiesen. Wer jetzt seinen alten Dienstapparat anwählt, bekommt nur noch zu hören: »Kein Anschluss unter dieser Nummer.«

KLINGELING, KLINGELING, IST DORT DER EIERMANN?

Die Eheleute Joachim und Helene sind einfache Leute. Sie besitzen ein Haus am Rande einer Vorortsiedlung und hielten 25 Hühner, drei Hähne, zehn Tauben, einen Schäferhund, acht Kaninchen und ein Pony. Die Zeiten änderten sich. Die Datschen ringsum verschwanden. Die Bäume wurden gefällt, die Grundstücke geteilt und mit Fertigteilhäusern bebaut.

Die neuen Nachbarn fanden anfangs die Idylle bei Joachim und Helene sehr hübsch. Sie klingelten regelmäßig, kauften die Eier noch »woarm aus'm Hühneroarsch«, und ab und an gab es Kaninchenbraten.

Aber mit der Zeit, schleichend wie Gift, verschlechterten sich die Verhältnisse zwischen den Nachbarn. Es gab Beschwerden, weil die Tauben frischaufgehängte Wäsche bekleckst hatten, weil die Hähne frühmorgens krähten, weil der Hund bellte, das Pony wieherte und der Misthaufen angeblich meilenweit stank. Als dann eines Tages eine tote Ratte auf der Straße lag, war allen Anwohnern klar, dass sie nur vom »Pachulkengrundstück« gekrochen sein konnte.

Die Eier- und Kaninchenbratenkäufe wurden eingestellt. Die nachbarlichen Gespräche über den Gartenzaun hörten auf. Schließlich wurden Joachim und Helene noch nicht einmal mehr gegrüßt. Die beiden versuchten darauf zu reagieren, so gut sie konnten und verminderten die Zahl der Hühner auf 15, schafften zwei Hähne sowie alle Kaninchen ab und gruben den Mist im Garten unter. Es nutzte ihnen nichts. Ihr einfaches, aus einer ummauerten Laube entstandenes Haus, die langen Gemüsebeete und der Ponywagen passten nicht mehr in die umgestaltete Landschaft.

Dann begann der Telefonterror. Er dauerte vier Wochen lang an. Immer mitten in der Nacht – einmal um 2.50 Uhr, einmal um 3.02 Uhr usw. – klingelte minutenlang das Telefon. Wenn dann Joachim oder

Helene, aus dem Tiefschlaf gerissen, endlich den Hörer abnahmen, wurde am anderen Ende kommentarlos aufgelegt.

Nach dem sechsten Anruf ließen die Eheleute auf eigene Kosten eine Fangschaltung installieren. Auf diese Weise wurde der nächtliche Anrufer ermittelt. Es handelte sich um ihren Nachbarn Sieghelm. Er war 57 Jahre alt und arbeitete als Steuerberater. Seine Opfer waren entsetzt. Zunächst wurde er wegen Körperverletzung angeklagt.

Eine Verurteilung als Straftäter konnte er nur dadurch abwenden, dass er sich in der Verhandlung bereiterklärte, als Geldbuße 750 Euro an eine gemeinnützige Einrichtung zu zahlen.

Im sich daran anschließenden Zivilverfahren ging es dann um Schmerzensgeld, weil »die Kläger, durch die nächtlichen Störanrufe aus dem Schlaf gerissen, erst nach geraumer Zeit wieder einschlafen konnten mit der Folge, dass sie tagsüber mit Übermüdung zu kämpfen hatten.«

Die Richter verurteilten Sieghelm zur Zahlung von je 375 Euro Schmerzensgeld an Joachim und Helene. Außerdem musste er die gesamten Gerichts- und Anwaltskosten tragen. Im Urteil hieß es: »Durch sein Verhalten hat der Beklagte sowohl das allgemeine Persönlichkeitsrecht der Kläger als auch ihr Recht auf Gesundheit und körperliche Unversehrtheit verletzt. Die nächtlichen Störanrufe können keinesfalls nur als Bagatell-Belästigungen gewertet werden. Schwer wiegt die Zielgerichtetheit und Hartnäckigkeit, mit der der Beklagte zum Mittel der Ruhestörung griff, um den mit ihm verfeindeten Klägern zuzusetzen.«

Sieghelm ist gut beraten, sich die Sache eine Lehre sein zu lassen. Ein anderes Gericht hatte nämlich für Telefonterror im Wiederholungsfall einen Schmerzensgeldanspruch von 5 000 Euro zugebilligt.

DIE SPRACHE DES BLUTES

Familien mit mehreren Kindern stehen oft vor einem Rätsel: Obwohl alle Sprösslinge unter nahezu den gleichen Bedingungen groß geworden sind, entwickeln sich die einen zu liebenswerten Pusselchen, die anderen zu garstigen Gören. Wo sind sie hin, die guten Gene, die anständigen Anlagen, die besonderen Begabungen, die seit den Altvordern von einer Generation auf die nächste weitervererbt werden?

Wilhelm und Henni hatten einen erstgeborenen Sohn und eine nachgeborene Tochter. Sie hörten auf die Kosenamen Peterchen und Traudi. Bis nach dem Abitur machten sich beide prächtig. Peter schrieb sich im Fach Veterinärmedizin ein, denn er wollte Tierarzt wie sein Vater werden. Traude hingegen brach nach kurzer Zeit ein Jurastudium ab und studierte danach nur noch das Leben. Nachts zog sie durch die Kneipen der Universitätsstadt und stand erst auf, wenn die Sonne unterging. Das war lange Zeit kein Problem, denn der gute Papa schickte jeden Monat einen dicken Scheck. Wenn Traude nach Hause kam, dann nur, um sich Geld zu borgen.

Irgendwann hatte Wilhelm genug von ihren Lügengeschichten und schlug mit der Faust auf den Tisch. Seine Tochter ging ihn an wie eine Furie: »Du geiziger Drecksack willst mir Vorschriften machen? Du bist doch selbst ein kompletter Versager! Deine Doktorarbeit hast du dir nur erschwindelt!«

Henni bekam einen Schreikrampf. Wilhelm wies seinem missratenen Balg für immer die Tür. Als er einige Jahre später bei einem Reitunfall tödlich verunglückte, sah es für Traude gar nicht gut aus. Die Eheleute hatten sich in einem gemeinschaftlichen Testament als Alleinerben und ihren Sohn Peter als Schlusserben eingesetzt. Traude sollte noch nicht einmal den Pflichtteil bekommen. »Unsere Tochter enterben wir wegen schwerer Kränkung und böswilliger Verleumdung.«

Traude legte dagegen Klage ein. Für sie stand einiges auf dem Spiel, denn ihre fleißigen Eltern hatten es zu bescheidenem Wohlstand gebracht. Sie besaßen ein großes Haus mit angrenzenden Wiesen, mehrere Pferde, zwei Autos sowie ein gut gefülltes Bankkonto.

Henni machte sich keine großen Sorgen, denn der Pflichtteil kann tatsächlich entzogen werden. Im Gesetz steht dazu: »Der Grund der Entziehung muss in der Verfügung angegeben werden.« Und das hatten sie zweifellos getan.

Dem Gericht reichte der eine Satz im Testament aber nicht aus: »Die Pflichtteilsentziehung ist unwirksam. Das Pflichtteilsrecht muss nur dann hinter die Testierfreiheit zurücktreten, wenn in der letztwilligen Verfügung eine hinreichend substanzielle Tatsachengrundlage angegeben wird. Daran fehlt es hier aber.«

Die Eheleute hätten in ihrem gemeinsamen Testament also ganz genau beschreiben müssen, was sich damals abgespielt hatte. Traude muss den Pflichtteil aus dem Erbe ihres Vaters ausgezahlt bekommen. Henni kann das Versäumnis auch für die Zukunft nicht mehr heilen, denn sie ist an den Text des gemeinschaftlichen Testaments gebunden. Ihr bleibt nur die Einsicht, die schon Leo Tolstoi hatte: »Das Glück besteht nicht darin, dass du tun kannst, was du willst, sondern darin, dass du immer willst, was du tust.«

GELÄCHTER IM PARADIES

Es existiert eine besondere Spezies von Menschen, die wissen und können alles besser: Das sind die Schwiegermütter. Diese empfinden meist eine natürliche und gottgegebene Abneigung gegen ihre Schwiegersöhne oder Schwiegertöchter. »Es gibt nur eine böse Schwiegermutter auf der Welt, aber jeder glaubt, er habe sie«, sagt das Sprichwort, denn »Eine böse Schwiegermutter ist des Teufels Unterfutter.«

Das Leid anderer erfreut allgemein, aber Sieglindes Schwiegermutter schlug alle Rekorde. Wenn sie im Kreise ihrer Freundinnen saß, dann musste sie als Erstes eine neue Schwiegermutter-Geschichte erzählen. An aktuellem Stoff war kein Mangel. Elisabeth, so hieß der Drachen, war sich keiner Niedertracht zu schade.

Beispielsweise äußerte sie beim letzten gemeinsamen sonntäglichen Mittagessen: »Vorzüglich, diese Vorsuppe. Büchsenware ist doch viel besser, als man meinen mag.« Wenig später hieß es dann: »Sehr modern, deine neuen Gardinen. Man sieht sie jetzt überall.« Und zum Abschied lautete der Spruch: »Du bist so dünn, Kindchen. Versprich mir, mehr zu essen. Meine Nachbarin aus der 56, die war auch etwas wirr im Kopf, die ist in der vorigen Woche an Magersucht gestorben!«

Doch das Schicksal geht mitunter seltsame Wege. Nicht Sieglinde kam unter die Räder, sondern ihr Gatte Detlef wurde an seinem 48. Geburtstag von einem Auto überfahren.

Die trauernde Witwe richtete die Beerdigung aus und brach danach alle Beziehungen zu Elisabeth ab.

Eines Tages, als Sieglinde zum Friedhof ging, wollte sie ihren Augen kaum trauen. Detlefs Grab sah völlig verändert aus. Statt immergrünen Efeus wuchsen dort Stiefmütterchen. Ein neuer Streich der Schwiegermutter. Die sanfte Sieglinde wurde zur Furie. Ritsch, ratsch, riss sie alle Pflanzen aus. Das war der Anfang des Blumenkriegs.

Sieglinde ließ Elisabeth bestellen, sie wünsche nicht, dass sie weiterhin das Grab verschandele.

Die Antwort erhielt sie eine Woche später. Im Grabhügel steckten mehrere Friedhofsvasen mit Blumensträußen, in denen Karten mit der Aufschrift prangten: »Sieglinde, Finger weg!«

Der Wutschrei der trauernden Witwe hallte wie ein Donnergrollen über den Friedhof.

Elisabeth ging vor Gericht. Sie beantragte festzustellen, dass sie berechtigt sei, auf dem Grab ihres verstorbenen Sohnes Blumen aufzustellen.

Das Erstaunliche an diesem Land ist, dass sich Richter tatsächlich mit allem befassen. Man muss sie nur lassen. In diesem Fall lautete der weise Spruch: »Die Klägerin hat nicht dargelegt, sie sei von dem Verstorben mit der Wahrnehmung der Totenfürsorge beauftragt worden, insbesondere, es entspreche dem Willen des Verstorbenen, dass auch sie Blumen auf sein Grab bringe. Dem Vorbringen der Parteien ist nicht zu entnehmen, dass sich der Verstorbene zu Lebzeiten überhaupt schon Gedanken über seine Totenfürsorge gemacht habe; er hat sicher nicht mit seinem vorzeitigen Ableben durch einen Verkehrsunfall gerechnet. Es ist gewohnheitsrechtlich anerkannt, dass im Konfliktfalle unter den nächsten Angehörigen dem Ehegatten der Vorzug gebührt.«

Es ist anzunehmen, dass selbst Detlef herzhaft lachen musste, als er Harfe spielend auf einer Wolke von dem Urteil erfuhr.

AUS NICHTIGEM ANLASS

Der 28-jährige Robby war alleinstehend. Er bewohnte ein Zimmer mit Küche und Bad am Rande einer Plattensiedlung. Die Arbeitslosigkeit war sehr hoch in dieser Gegend. Wer es sich leisten konnte, zog weg. Zurück blieben die Alten, die Kranken, die Ausländer und Jugendliche ohne Berufsausbildung und Perspektive. Gewalt und Vandalismus waren an der Tagesordnung.

Einen Tag vor Weihnachten hielt sich Robby unten im Keller auf. Er bastelte an seinem Motorrad und hörte laute Musik dazu. Plötzlich flog die Tür auf. Zwei junge Männer kamen herein. Sie hießen László und Hagen. Beide trugen kurzgeschorene Haare, Bomberjacken und Springerstiefel. László schwang seinen Baseballschläger und zertrümmerte das Radio mit einem kräftigen Hieb. »Wo ist meine Kohle?«, schrie er heiser.

»Ich schulde dir kein Geld mehr« entgegnete Robby schreckensbleich, »ich habe dir die 100 Euro längst zurückgegeben.«

»Irrtum! Was ist mit den Zinsen?« Der Baseballschläger pfiff durch die Luft. Der Scheinwerfer des Motorrads zersplitterte.

Robby rannte zum Fenster. Er riss es auf, hechtete nach draußen und rollte über den schmalen Grünstreifen. Als er auf dem Betonweg auf die Füße kam, standen zwei andere Typen namens Sebe und Micha mit Baseballschlägern vor ihm. Robby flüchtete in Panik. Auf dem verlassenen Kinderspielplatz holte ihn die Meute ein. Ein brutaler Schlag erwischte ihn von hinten. Er ging zu Boden. Dutzende Hiebe prasselten auf ihn nieder. Fußtritte trafen ihn am Kopf und in den Weichteilen. Robby schrie vor Angst und vor Schmerzen. Mehrfach gelang es ihm, aufzustehen, aber er wurde immer wieder zu Fall gebracht.

Seine Peiniger ließen erst von ihm ab, als er sich nicht mehr regte. Robby kam wieder zu Bewusstsein und schleppte sich bis zu dem Neubaublock, in dem seine Eltern wohnten. Er klingelte an der Tür und brach zusammen. Seine Mutter verständigte sofort den Notdienst. Doch alle ärztliche Kunst konnte dem Schwerverletzten nicht mehr helfen. Am ersten Weihnachtsfeiertag verstarb Robby an einer Gehirnblutung.

Die Polizei nahm die beiden Haupttäter László und Hagen sowie ihre Komplizen Sebe und Micha fest. Sie wurden vor Gericht gestellt und bis auf Micha, der nicht mitgeprügelt hatte, zu mehrjährigen Haftstrafen verurteilt.

Robbys Mutter verklagte die vier zivilrechtlich auf Schmerzensgeld und auf Ersatz der Kosten für Beerdigung, Trauerkleidung und Wohnungsauflösung.

Einen Anspruch der Mutter auf Schmerzensgeld im eigenen Namen lehnte das Gericht ab, weil in der BRD (anders als in anderen Ländern) Hinterbliebene von Gewaltopfern ihre seelischen Schmerzen nicht geltend machen können. Das geht jedenfalls nicht, solange der Kummer keine krankhaften Störungen verursacht. Aber das Gericht bejahte die Schadenersatzforderung sowie einen Schmerzensgeldanspruch des Opfers, der an die Mutter vererbt worden wäre. Der Richter hielt 20 000 Euro »angesichts der vorsätzlichen Begehungsweise, der Nichtigkeit des Anlasses und der übergroßen Brutalität, mit der die Beklagten vorgegangen sind«, für angemessen.

20 000 Euro klingt viel. Doch es ist nur ein symbolischer Betrag. Das Leben ihres toten Sohnes kann sich Robbys Mutter nicht zurückkaufen, und von Verbrechern wie László, Hagen, Sebe und Micha wird sie das Geld wahrscheinlich nie bekommen.

15. Kapitel

VERGEWALTIGUNG, VERKEHR, VERSICHERUNG

DER MANN MIT DEN GOLDENEN FINGERN

Der Schriftsteller George Bernard Shaw prägte den weisen Spruch: »Es gibt genug Ehepaare, die sich vielleicht sogar lieben würden, wenn sie einander bloß ertragen könnten.«

Die gegenseitige Unduldsamkeit beginnt meist mit Kleinigkeiten. Die Frau schraubt die Zahnpastatube nie zu, und der Mann macht das Waschbecken nach dem Rasieren nicht ordentlich sauber. Sie möchte ins Kino gehen, und er will lieber im Fernsehen Fußball sehen. Sie hat einen Putzfimmel, und er räumt den Geschirrspüler achtlos ein. Über die Jahre bauen sich Frustrationen und Aggressionen auf. Die schlimmsten Eheprobleme sind in der Regel die, von denen der andere keine Ahnung hat.

Gerald war 55 Jahre alt, als er arbeitslos wurde. Das war ein Schock, der ihm schier den Atem nahm. Er hatte als Haushandwerker in einer Maschinenfabrik gearbeitet. Er war nie zu spät gekommen und immer zu Überstunden bereit gewesen. Es gab nichts, was er nicht reparieren konnte. Der Meister bedauerte, seinen besten Mitarbeiter – den Mann mit den goldenen Fingern – zu verlieren.

Gerald nützte dieses Mitgefühl gar nichts. Auf dem Arbeitsmarkt hatte er keine Chance mehr, und bis zur Rente war es noch ein weiter Weg. Am Horizont zogen sich dunkle Wolken zusammen und deuteten auf finanziell harte Zeiten hin.

Geralds Herz krampfte sich zusammen. In ihm steckte ein tiefer Groll. Er musste ihn herauslassen, irgendwie. Gerald suchte sich einen Schwächeren und glaubte, diesen in seiner Frau Marianne gefunden zu haben. Die beiden hatten sich über die Jahre auseinandergelebt. Sie waren lediglich aus Gewohnheit zusammengeblieben. Nun gab ein böses Wort das andere. Dann drosch Gerald drauflos. Der Mann mit den goldenen Fingern hatte sich in einen jähzornigen Schläger verwandelt.

Marianne zögerte nicht lange. Am nächsten Tag verließ sie ihren Mann und reichte die Scheidung ein. Noch einmal kehrte sie in die Wohnung zurück, um ihre Sachen zu holen. Es kam erneut zum Streit. Gerald drehte wieder durch. Er würgte seine Frau bis zur Ohnmacht. Dann schleifte er sie ins Schlafzimmer, warf sie auf das Bett und vergewaltigte sie. Nachdem Marianne wieder zu sich gekommen war, gelang es ihr, ihren Peiniger beiseite zu stoßen und zum Fenster zu rennen. Sie schrie laut um Hilfe. Gerald schlug sie zu Boden. Erst die Polizei bereitete dem Drama ein Ende.

Die Ehe wurde kurz darauf geschieden. Der Richter verfügte, dass Gerald beim Versorgungsausgleich leer auszugehen hat nicht an Mariannes Rentenanwartschaften beteiligt. Er bekommt auch keinen Unterhalt von ihr, obwohl sie in Lohn und Brot steht. »Wegen der schweren Verfehlungen des Antragsgegners gegenüber der Antragstellerin wären die Durchführung des Versorgungsausgleichs und die Zahlung von nachehelichen Unterhalt grob unbillig«, hieß es im Urteil.

Stattdessen kann sich Gerald auf die nächste Gerichtsverhandlung vorbereiten, diesmal auf einen Strafprozess. Die Anklage lautet auf gefährliche Körperverletzung, Freiheitsberaubung und Nötigung. Wie es aussieht, wird der Mann mit den goldenen Fingern und den harten Fäusten bald für längere Zeit ein sehr geregeltes Leben führen.

SCHERBEN BRINGEN GLÜCK

Die Versicherungsgesellschaften besitzen sehr viel Sinn für Humor. Beispielsweise haben sie das spanische Wort Casco für Scherbe ganz geschickt in den deutschen Begriff der Kaskoversicherung eingefügt. Mit dem Sprichwort »Scherben bringen Glück« hat das allerdings nicht viel zu tun. Die Kaskoversicherungen ersetzen zwar manchmal ein abgebrochenes Stück vom Auto, aber sie tun dies nicht immer, und gerne schon gar nicht.

Rolf, der am liebsten bayerische Jacken zu grünen Hüten mit Schweineborstenpinseln trug, war mit seinem Kombi in die Stadt gefahren, um im Einkaufsmarkt ein äußerst günstiges Kasten-Bier-Schnäppchen zu ergattern. An einer Ampelkreuzung musste er nach links in Richtung des Konsumtempels abbiegen. Er stoppte zunächst, weil die Ampel Rot zeigte. Als für die Geradeausspur das grüne Lichtsignal aufleuchtete, legte Rolf den ersten Gang ein und gab Gas. Er kam nur ein paar Meter weit, und zwar bis er den ersten Wagen des Gegenverkehrs touchierte. Des Rätsels Lösung: Die Ampel für die Linksabbiegerspur hatte noch auf Rot gestanden.

Die Haftpflichtversicherung bezahlte zwar anstandslos den Schaden des völlig unschuldigen Unfallgegners, aber die Kaskoversicherung stellte sich bei der Regulierung von Rolfs eigenen Verlusten bockig an. »Es lag grobe Fahrlässigkeit vor, und in einem solchen Fall sind wir von der Leistungspflicht befreit«, lautete die äußerst unerfreuliche Auskunft.

»Davon war bei Abschluss des Vertrages aber nicht die Rede«, quengelte der Rotlichtsünder. »Ich glaubte, mir wäre Grün erschienen. Ergo handelte es sich nicht um grobe Fahrlässigkeit, sondern lediglich um ein zwar dümmliches, aber von jedermann entschuldbares Augenblicksversagen.«

Nachdem der Worte genug ausgetauscht waren, kam

die Sache vor Gericht. »Himbeere oder Waldmeister?«, war in diesem Fall nicht die Frage. Es ging stattdessen um subjektive oder objektive grobe Fahrlässigkeit. »Wegen der besonderen Gefährlichkeit ist das Überfahren einer roten Ampel grundsätzlich grob fahrlässig«, erläuterte der Richter seinen Standpunkt. »Der Vortrag des Klägers, er könne sich seinen Rotlichtverstoß nicht erklären, reicht nicht aus, sein objektiv grob fahrlässiges Verhalten subjektiv in einem milderen Licht (nur leichte Fahrlässigkeit) erscheinen zu lassen.«

Reue ist eine unpünktliche Tugend: Sie kommt immer zu spät. Rolf konnte lamentieren, wie er wollte, seine Klage wurde abgewiesen. Versicherungen sind ein geniales modernes Glücksspiel. Und der einzige Mensch, der an den Verträgen verdient, ohne dass er stirbt oder abbrennt, ist der Versicherungsvertreter.

DIE SCHNECKE MIT DEM TIGER IM TANK

»Deutschland ist nicht – wie gemeinhin angenommen, – das Land der Drängler und der Raser, sondern das Land der Schulmeister und Besserwisser«, meinte der Verkehrsrichter am Ende der Verhandlung. In seiner Stimme schwang ein leichter Anflug von Resignation mit. Der Richter musste es schließlich wissen. Er hatte ziemlich häufig mit Fällen wie diesem zu tun:

An einem Sonntag im Herbst war der 51-jährige Geoffroy mit dem Wagen von A-Stadt nach B-Dorf unterwegs. Neben ihm saß seine Freundin Ilka und nörgelte. Das geschah nicht grundlos. Ihre Eltern hatten sie zum Kaffeetrinken eingeladen, und das Pärchen war schon spät dran. Das würde Ärger geben, denn Ilkas Vater war ein Pünktlichkeitsfanatiker. Den Städter Geoffroy, der keine Ahnung von Ackerbau und Viehzucht hatte, konnte er ohnehin nicht leiden.

»Nun fahr schon schneller«, zischte Ilka vom Beifahrersitz.

»Unmöglich«, antwortete Geoffroy. »Vor uns kriecht ein Schnecke.«

»Dann lass den Trottel links liegen!«

»Rechts, Schatz. Wenn schon dann rechts. Aber es geht nicht. Es sind zu viele Kurven.«

In dem blauen Pkw vor ihnen beobachtete der 38-jährige Mattes aufmerksam den Rückspiegel. Der silberfarbene Wagen hinter ihm hatte bereits mehrfach zu einem Überholversuch angesetzt. Mattes grinste. Er selbst hielt sich peinlich genau an die vorgeschriebene Geschwindigkeit. Die Tachonadel zeigte exakt auf die 70 Stundenkilometer. Da gab es keinen Grund, ungeduldig zu werden.

Die Straße führte nun aus dem Wald heraus schnurgerade in ein Tal hinab. Der silberfarbene Wagen scherte nach links aus und gab Gas, obwohl die Geschwindigkeitsbegrenzung noch nicht wieder aufgehoben worden war. »So geht das aber nicht«, rief Mattes empört. »Die Straßenverkehrsordnung gilt für alle Bürger!« Doch weil seine Worte ungehört verhallten, mussten erzieherische Maßnahmen her. Mattes ließ den Tiger aus dem Tank und drückte gleichfalls auf die Tube. Mit ständig steigendem Tempo sausten die beiden Autos Seite an Seite den Berg hinunter.

Noch vor der Senke kam plötzlich Gegenverkehr. Ein riesengroßer Lkw, dessen Signalhorn wütend brüllte! Geoffroy bremste, bis die Socken qualmten. Dann zog er scharf nach rechts. Gerade noch rechtzeitig, um dem Brummi auszuweichen – und doch einen Millimeter zu früh. Die silberfarbene Stoßstange touchierte den blauen Plastikspoiler. Beide Wagen schlingerten mehrere Meter »wie Lachse auf dem Trockenen«, berührten sich ein zweites Mal und begannen Walzer zu tanzen. Als sich der Reigen auflöste, stand der silberfarbene Pkw rechts auf einer Wiese. Das blaue Auto hatte sich für ein Gebüsch auf der linken Seite entschieden. Sowohl die Fahrzeuge, als auch die Insassen, kamen mit leichten Schürfwunden und oberflächlichen Lackschäden davon.

Die Polizei hatte nicht den geringsten Zweifel an der Schuldfrage. Mattes kam vor Gericht und entschuldigte sich: »Mein Verhalten war eine Riesendummheit. Aber finanziell sieht es bei mir mau aus. Ich bin arbeitslos.«

Der Richter zeigte Erbarmen. Schließlich ist das Leben an sich der einzige erfolgreiche Erzieher. Das milde Urteil lautete auf eine Geldstrafe in Höhe von 70 Tagessätzen zu je 15 Euro, also 1 050 Euro, und einem viermonatigen Fahrerlaubnisentzug. Hoffentlich war die Lehre hart genug, so dass wir einen überflüssigen Schulmeister verloren haben.

DAS UNGLÜCK DER SCHULDLOSEN

Der Homo erectus als der eigentliche Urvater der Menschen entwickelte sich vor 300 000 bis vor 200 000 Jahren zum Homo sapiens weiter. Doch es ist erst etwa 10 000 Jahre her, dass die Menschen damit begannen, Pflanzen anzubauen und Tiere zu züchten. Vor wenig mehr als einem Menschenalter, nämlich im Jahre 1893, startete das erste mit Benzin getriebene Auto.

Mit anderen Worten: Entwicklungsgeschichtlich gesehen hat sich der moderne Mensch nur einige Zentimeter weit von seinen Vorfahren, den Jägern und Sammlern, entfernt. Doch er ist von Technik umgeben, die er zu beherrschen glaubt, und ab und zu verfällt er in einen verhängnisvollen Geschwindigkeitsrausch.

Der 23-jährige Kfz-Mechaniker Claas war an einem Morgen im April mit seinem grünen BMW auf ländlichen Straßen unterwegs. Der junge Mann hatte verschlafen und es daher sehr eilig. Eine weitere Abmahnung wegen Zuspätkommens würde es für ihn nicht geben. Sein Arbeitsplatz stand auf dem Spiel.

Claas näherte sich mit Tempo 100 einer Ortschaft. Sein Fuß blieb auf dem Gaspedal. Dann kam eine Kreuzung. Die Ampel stand auf Rot. Zum Bremsen blieb keine Zeit mehr. »Augen zu und durch«, dachte sich der Autoschlosser. Doch das funktionierte nicht. Von rechts kam ein Auto angefahren. Claas versuchte auszuweichen. Es gelang ihm, einen Haken um den Kühler zu schlagen. Doch er schaffte es nicht mehr von der Gegenfahrbahn zurück auf die eigene Fahrspur. Der BMW prallte seitlich gegen einen Lkw, wurde zurück auf die Kreuzung geschleudert und stieß dort mit einem Golf zusammen, in dem ein Rentnerehepaar saß. Ein dahinter fahrender Kleintransporter verwandelte die ineinander verknäulten Autos zu Schrott. Doch Glück im Unglück: Keine einzige der an diesem riesigen Crash beteiligten Personen wurde ernsthaft verletzt.

Der unfallverursachende BMW hatte Totalschaden. Die Reparaturkosten für die übrigen Wagen beliefen sich auf 24 000 Euro. Vor Gericht hatte Claas eine – wie er fand – einleuchtende Erklärung für den Zusammenstoß parat: »Ich bin bei Gelb gefahren. Normalerweise hätte überhaupt nichts passieren können. Aber die Ampelschaltzeiten stimmten nicht. Die Rotphase für den Gegenverkehr war zu kurz.«

Ein Gutachter widerlegte diese abenteuerliche Theorie: »Die Ampel stand bereits seit mindestens fünf Sekunden auf Rot, als der Angeklagte mit Tempo 100 auf die Kreuzung auffuhr. Wäre er dort im Rahmen der vorgeschriebenen 60 km/h geblieben, hätte er problemlos anhalten können.«

Der Richter sprach von »grob verkehrswidrigem und rücksichtslosem Fahren«. Er verurteilte Claas zu einer Geldstrafe in Höhe von 2 900 Euro. Dem Kfz-Mechaniker wurde außerdem für 15 Monate der Führerschein entzogen.

Am Ende der Verhandlung meldete sich noch einmal der Zeuge Ehrenfried zu Wort: »Mein zwei Jahre alter Golf hatte weniger als 20 000 Kilometer herunter.

Trotzdem bekam ich keinen Neuwagen. Die gegnerische Versicherung bestand auf einer Reparatur. Der ideelle Wertverlust beträgt mindestens 5 000 Euro für mich. Seit dem Unfall hat meine Frau Angst, mit mir zusammen Auto zu fahren. Wir waren völlig schuldlos und müssen unter den Folgen leiden. Davon habe ich kein einziges Wort im Urteil gehört.«

Der Richter nickte ihm zu und erwiderte: »Ich habe vollstes Verständnis für Ihre Probleme, aber ich muss Sie auf den Zivilweg verweisen.«

DAS VERBRANNTE GEMÄLDE

Unsere Ahnen in grauer Vorzeit waren als Jäger und Sammler unterwegs. Aber speziell die Leidenschaft des Sammelns haben sie uns modernen Menschen über die Jahrtausende vererbt. Zusammengetragen wird alles, was sich horten lässt: Münzen, Briefmarken, leere Bierbüchsen, Polizeimützen, Kugelschreiber, Gullideckel, Stacheldraht und alte Tintenfässer. Der Komiker Wigald Boning behauptet von sich, dass er Deutschlands größte Kollektion an elektrischen Garagentoren besitzen würde.

Reiche Menschen sammeln in der Regel andere Dinge als ihre armen Nachbarn, nämlich Schlösser, Burgen, Ferraris, wohlklingende Titel und Ehescheidungen. Johannes war ein wohlbeleibter Endfünfziger, der sein Geld mit Immobilienfonds sowie anderen Anlagegeschäften gemacht hatte und klug genug gewesen war, vor der großen Depression auszusteigen. Seine Vorliebe galt den französischen Impressionisten. Landauf, landab war er unterwegs, um in Galerien herumzustöbern und bei Auktionen fleißig mitzubieten. Eines Tages entdeckte er das berühmte Gemälde »Mädchen am Fluss« von Claude Hoquet. Er kaufte es sofort, obwohl der Preis von 300 000 Euro nicht gerade ein Schnäppchen war. Anschließend schleppte er das Bild zu einem bekannten Gutachter. Der bestätigte in einer mehrseitigen Expertise, dass es sich um einen echten Hoquet handeln würde.

Ende gut, alles gut? Mitnichten! Beim Rücktransport des Kunstwerks von einem Restaurator kam der Lieferwagen von der Straße ab und prallte gegen einen Baum. Der Fahrer blieb zwar unverletzt, aber der Wagen stand plötzlich in Flammen und die gesamte Ladung wurde zerstört. Johannes forderte von seiner Versicherung 300 000 Euro für das »Mädchen am Fluss«. Aber die Assekuranz war misstrauisch: »Bitte beweisen Sie, dass in dem Auto das Original-Gemälde verbrannt ist.« Von dem Bild war nicht mehr viel übrig, nur ein kleines Stück vom Rahmen. Das reichte der Versicherung als Bestätigung aber nicht aus. Sie zahlte nicht.

Johannes reichte Klage ein. Das Gericht zog einen Sachverständigen zu Rate. Der attestierte, dass der Rahmen tatsächlich von dem Bild »Mädchen am Fluss« stammen würde. Aber die noch vorhandenen Nägel stimmten nicht mit Zahl, Form und Anordnung der Nägel überein, die auf einer Röntgenaufnahme erkennbar waren, die der erste Gutachter angefertigt hatte.

Nun war guter Rat teuer. Der Richter meinte: »Denkbar wäre, dass die Leinwand im Zuge der Restaurierung vom Rahmen abgenommen und danach wieder neu aufgespannt wurde. Nicht ausgeschlossen ist aber auch, dass die Leinwand zwischen Gutachten und Brand ausgetauscht wurde. Dann wäre zwar der Rahmen, nicht aber das Gemälde selbst verbrannt.« Das Gericht riet zu einem Vergleich. Beide Parteien stimmten nach einigem Zögern zu. Johannes erhielt 20 000 Euro von der Versicherung.

Das war weniger als ein Zehntel im Hinblick auf den eigentlichen Wert, wäre jedoch sehr viel, wenn das Gemälde tatsächlich ausgetauscht wurde. Aber so ist das eben mit einem Vergleich. Er ist erst dann richtig gut, wenn sich beide Parteien übertölpelt fühlen.

16. Kapitel

WAHLPLAKATE, WEIHNACHTEN, WERBE-ANRUFE, WINDRÄDER, ZWANGSRÄUMUNG

DER GROSSGEMEINDE SEI DANK

Gisbert war Handelsvertreter von Beruf. Er verkaufte unter anderem den Aktiv-Schaumreiniger »Fashion Plus 3«, welcher in den sechziger Jahren unter dem Namen »Wichtelmann – der Stolz der reinlichen Hausfrau« auf den Markt gekommen war. Der altbekannte Werbespruch »Hast du Wichtelmann im Haus, hüpft der Schmutz zum Fenster raus« war dem wesentlich eleganteren Slogan »Fashion Plus Three – more time for you and me« gewichen. Vor einigen Wochen hatte Gisbert ein neues Gebiet übernommen. Aber es gab ein Problem. Das Navigationssystem im Dienstwagen des Handelsvertreters sprach nur noch englisch und hatte eine Karte von Lateinamerika eingeblendet.

Gisbert wollte zum Drogeriemarkt »MünchPieter« im Zentrum von Arbsen und hatte gerade Arbsen-Allenhop passiert. Nun stand er auf einer Landstraße dritter Ordnung inmitten wogender Weizenfelder. Wie den Hinweisschildern an der Kreuzung zu entnehmen war, ging es geradeaus nach Arbsen-Blechmar, links nach Arbsen-Roggatz, rechts nach Arbsen-Bleckendorf und zurück nach Arbsen-Allenhop.

Der desorientierte Handelsvertreter trat resigniert die Heimreise an, und das war auch gut so. Pieter Münch, der Inhaber vom Drogeriemarkt »MünchPieter«, hätte momentan kein Interesse an Aktiv-Schaumreinigern gehabt. Ihn quälten große Sorgen, und die hingen indirekt mit den mysteriösen Straßenschildern zusammen. Das Land hatte nämlich die Idee gehabt, durch die Bildung von Großgemeinden die Verwaltung zu verschlanken und die Finanzkraft zu erhöhen. Da mussten kleine Unannehmlichkeiten wie verwirrende Ortsstrukturen ganz einfach hingenommen werden.

Die Finanzkraft der Großgemeinden hatte sich tatsächlich sofort und spürbar erhöht. Das lag daran, dass in allen Ortschaften die Gebühren und Steuersätze nach oben angeglichen worden waren. Mit der Verschlankung der Verwaltung hatte es hingegen weniger gut geklappt.

Pieter Münch hatte bei der letzten Kommunalwahl als Ortsvorsteher von Arbsen-Roggatz kandidiert, um bei der geplanten Anhebung der Gewerbesteuer die Bremse ziehen zu können. Der MaierSiegmar war sein einziger Gegenkandidat gewesen und abgeschlagen mit 985 gegen 987 Stimmen auf dem zweiten Platz gelandet. Doch der Siegmar war kein guter Verlierer. Er hatte Einspruch gegen die Gültigkeit der Wahl erhoben: »Das Aufhängen eines Wahlplakates durch den MünchPieter in unmittelbarer Nähe zum Wahllokal stellt eine unerlaubte Beeinflussung der Wähler dar.«

Das Gericht führte einen Ortstermin durch und stellte dann fest: »Nach den gesetzlichen Bestimmungen ist unmittelbar vor dem Zugang zum Wahllokal das Aufhängen von Wahlplakaten verboten. Das strittige Wahlplakat hing jedoch nicht in Richtung Eingang, sondern in der Direktion zu einer Seitenstraße. Damit war eine Beeinflussung der Wähler im unmittelbaren Eingangsbereich zum Wahlraum nicht feststellbar.«

An dem Tag, als der MünchPieter von der für ihn positiven Gerichtsentscheidung erfuhr, kam endlich Gisbert mit Hilfe eines neuen Navigationssystems zu Besuch und berichtete von seiner Irrfahrt. Der Ortsvorsteher war a) siegestrunken und hatte b) Mitleid mit dem armen Mann. Die Folge war: Gisbert machte das Geschäft seines Lebens. Der Großgemeinde sei Dank.

FRÖHLICHE OSTERN, DU WEIHNACHTSMANN !

Das deutsche Rechtswesen ist berühmt und berüchtigt dafür, partout jeden Lebenssachverhalt in die Form von Paragrafen pressen zu wollen. Das geht nicht immer. So ist eine ausufernde Lehre von den Regeln und ihren Ausnahmen im Sinne »Der Zweck hat den Zweck, den Zweck zu bezwecken« entstanden. Deutsche Gesetzestexte von Bedeutung sind alle mit ellenlangen kleingedruckten Kommentaren versehen, welche erläutern, was die ohnehin nur schwer verständlichen Formulierungen denn tatsächlich zu bedeuten haben. Jura-Studenten im ersten Semester erlernen die schwere Kunst der Gesetzesauslegung an einem ganz einfachen Beispiel: »Weihnachtsmann im Sinn des Gesetzes ist auch der Osterhase.«

Wahrscheinlich war der 68er Altkommunarde Dieter Kunzelmann auf diesen Satz während seiner Tätigkeit als Archivar bei einem bekannten Rechtsanwalt und Politiker gestoßen. Später, nachdem er beim Spatenstich für den Potsdamer Platz ein Ei gegen den Dienstwagen des damaligen Berliner Oberbürgermeisters Eberhard Diepgen geworfen hatte, fiel er ihm wieder ein. Das war, als er für diese ruchlose Tat vor Gericht gestellt wurde. Am 20.12.1995 sollte Eberhard Diepgen als Zeuge aussagen. Während der Verhandlung pfefferte ihm Kunzelmann ein rohes Hühnerei an den Kopf und krakeelte: »Fröhliche Ostern, du Weihnachtsmann!« Der so beschämte Oberbürgermeister kam mit dem Schrecken und einer demolierten Frisur davon. Dieter Kunzelmann wurde für die beiden Eierwürfe zu zehn Monaten ohne Bewährung verurteilt. Aber die Strafe machte ihn nicht einsichtig. Im Moment seiner Haftentlassung zog er drei Eier aus der Tasche und schleuderte sie gegen das Gefängnistor.

Dieses Beispiel lässt erkennen, dass mit Hühnerprodukten schon nicht zu spaßen war, als noch kein

Mensch den Begriff Vogelgrippe kannte. Aber auch ansonsten haben sich die Gerichte regelmäßig mit der Weihnachtszeit und dem Weihnachtsmann zu beschäftigen. Ein Finanzgericht entschied, dass Zuwendungen, die Arbeitnehmer während einer betrieblichen Weihnachtsfeier in Form eines Essens in einem gastronomischen Betrieb des gehobenen bis luxuriösen Standards erhalten, als Arbeitslohn zu betrachten sind. Es muss also nicht immer Champagner und Kaviar im »Chapeau Claque« sein, ein Bierchen mit Fritten bei »Wurstmaxe« tut es schließlich auch.

Die geflügelten Jahresendfiguren aus DDR-Zeiten wurden durch andere putzige Erfindungen abgelöst. Ein findiger Händler brachte ein Plüschgewirk mit Nilpferdkopf und Weihnachtsmannmütze auf den Markt. Dieses Dingens sollte als eine Art Strumpf zum Aufbewahren von Naschwerk dienen. Das Gericht hatte zu prüfen, ob es sich dabei tatsächlich um einen Weihnachtsartikel handeln würde. »Aber ja«, sagten die Richter, »Weihnachtsmänner gehören zu den Gegenständen, die nach herkömmlichen Brauch beim Weihnachtsfest verwendet werden.« Doch woran erkennt man Weihnachtsmänner? Ganz klar: An der Weihnachtsmannmütze. Ergo ist ein Nilpferd mit Mütze ein Weihnachtsartikel.

Ein australischer Grundschullehrer wiederum hat durch seine Respektlosigkeit gegenüber dem Weihnachtsmann seine Arbeit verloren. Weil er den Kindern seiner Klasse erzählt hatte, die Geschenke unter dem Weihnachtsbaum stammten in Wirklichkeit von den Eltern, wurde er entlassen. Der Schulleiter begründete dies wie folgt: »Niemand hat das Recht, einem Kind den Glauben an den Weihnachtsmann zu nehmen.«

Das musste auch der 41-jährige Neapolitaner Enrico De Felice lernen, als er im Weihnachtsmannkostüm von Genua kommend in Rom aus dem Zug stieg. Gleich bei seiner Ankunft ließ die Polizei die Handschellen klicken. Im Weihnachtsmannkostüm eingenäht fand sie Falschgeld im Wert von 25 000 Euro.

Der dänische Rentner Olovi Nikkanof hatte Pech ganz anderer Art. Als ein Jagdflugzeug der dänischen Luftwaffe zum Tiefflug ansetzte, fiel das Rentier des Hobbyweihnachtsmannes vor Schreck um. Der Tierarzt konnte nur noch »Tod infolge der Schockeinwirkung« feststellen. Aber anders als bei einem ähnlich gelagerten Vorfall in Deutschland wollte sich die dänische Armee nicht auf einen Schadensersatzprozess einlassen und zahlte freiwillig 30 000 Kronen. Für das Geld will sich Olovi Nikkanof nun in Lappland ein neues Rentier kaufen. Fröhliche Weihnachten!

DER WERT DER INFORMATIK

Elfi arbeitete als Mathematiklehrerin an der Paul-Niavis-Gesamtschule. Sie unterrichtete in den siebenten bis neunten Klassen und blickte sorgenvoll in die Zukunft. Ihre Stundenzahl war – wie die aller anderen Kollegen – um ein Drittel gekürzt worden. Das Land wollte auf Teufel komm raus Geld sparen. Die Folge davon waren steigende Klassenstärken, der Wegfall von Leistungskursen und Förderangeboten. Die Fehlstunden für die Schüler häuften sich, denn wenn ein Lehrer krank wurde, gab es keinen Ersatz. Nach dem Unterricht mussten die geplagten Pädagogen – quasi zum Selbststudium und als Weiterbildung im Bereich der Informatik – ellenlange Datensätze in den Computer tippen, weil das Ministerium in der Landeshauptstadt über die neuesten Erfolge im Kampf um bessere Ergebnisse im Bereich der Pisa-Studie informiert werden wollte.

Für das neue Schuljahr standen die Zeichen auf Sturm. Es waren nur noch zwei neue siebente Klassen genehmigt worden. Die überzähligen Kinder aus dem

Einzugsgebiet der Gemeinde sollten auf weiter entfernt liegende Schulen verteilt werden, um dort die Standorte zu erhalten. Für die Paul-Niavis-Gesamtschule bedeutete das einen Lehrerüberhang (bei gleichzeitigem Lehrermangel), der unweigerlich Entlassungen zur Folge haben würde. Aber wen würde es treffen? Elfi saß wie auf Kohlen und wartete auf die Hiobsbotschaft.

An einem Sonntag wurde die Mathematiklehrerin durch einen Telefonanruf aus dem Mittagsschlaf geweckt. Sie hastete zum Telefon und hob ab, aber die Verbindung war bereits unterbrochen. Der unbekannte Anrufer hatte schon nach dem ersten Klingeln wieder aufgelegt. Aber das war kein Problem. Elfi besaß einen modernen Apparat mit Nummernanzeige. Sie drückte die Verbindungstaste und landete in einer musikalisch unterlegten Warteschleife: «Please hold the line.» Dann, nach einer ganzen Weile, meldete sich ein Erotik-Anbieter mit holländischem Akzent. Elfi knallte wütend den Hörer auf. In ihrer nächsten Telefonrechnung schlug dieses sinnlose Gespräch mit 37,85 Euro zu Buche.

Die Lehrerin ging zur Polizei und erstattete Strafanzeige. Außerdem wendete sie sich an eine Verbraucherschutzorganisation. Dort erfuhr sie, dass die sogenannten Lock- oder Ping-Anrufe (engl. ping = klingeln) weit verbreitet waren, um ahnungslosen Rückrufern das Geld aus der Tasche zu ziehen. Die niederländische Sexfirma benutzte eine deutsche Mehrwertdienstnummer zur Anrufweiterleitung. Die Verbraucherschutzorganisation erreichte, dass diese 0190-Nummer der deutschen Tarnfirma gesperrt wurde.

Das holländische Unternehmen legte dagegen Klage ein. Aber das Gericht entschied: »Ein Telefonanruf im Privatbereich zu Werbungszwecken ohne Einwilligung des Betroffenen verstößt grundsätzlich gegen die guten Sitten. Der Angerufenen wurde der Sitz in den Niederlanden verschleiert und der Bedarf nach einem Rückruf vorgetäuscht. Dies war auch belästigend, da die Angerufene dazu veranlasst wurde, die hinterlassene Nummer anzurufen, um sich zu vergewissern, dass es sich nicht um ein wichtiges versäumtes Gespräch handelte.«

Elfi hat zweierlei daraus gelernt: 1. Grundkenntnisse im Bereich der Informatik sind nützlich. 2. Wer sich nicht wehrt, der lebt verkehrt.

DAS HIMMLISCHE KIND

»Ich leide nicht, meine Freunde; aber ich fühle eine gewisse Schwierigkeit zu existieren«, sagte der französische Philosoph und Schriftsteller Bernard Le Bovier de Fontenelle bereits um 1757 in Paris, obwohl er garantiert kein Auto besessen hatte und ihn deshalb die steigenden Benzinpreise nicht tangiert haben können. Wir heutigen Menschen haben ganz allgemein mit von der Schwindsucht befallenen Geldbeuteln zu kämpfen, und speziell infolge der immer knapper werdenden Ölvorkommen ist mit einer Besserung nicht zur rechnen.

Allen Menschen ist klar, dass wir dringend auf alternative, erneuerbare Energieformen angewiesen sind, aber dann ist auch schon Schluss mit der Einigkeit. Beim Thema Windenergie scheiden sich die Geister. Selbst in den ansonsten eng geschlossenen Reihen fanatischer Müsli-Mampfer stehen blindgläubige Windpark-Befürworter ebenso hitzigen Antagonisten gegenüber.

Bauer Lindemann besaß einen hügeligen Acker bei den drei Eichen, auf dem an 360 Tagen im Jahr eine steife Brise wehte. Eines Tages klingelte der Geschäftsmann Alexander bei ihm und unterbreitete ihm ein Angebot, das er nicht ausschlagen konnte: Alexanders ABC-Windenergie-Consulting GmbH würde das erforderliche Know-how beisteuern, das nötige Kapital beschaffen, zwei Windkraftanlagen errichten und diese – über einen Bankkredit finanziert – an die noch zu gründende Bauer-Lindemann-

Windkraft-Betreiber GmbH verkaufen. Diese BLWB-GmbH im Allgemeinen und Bauer Lindemann im Besonderen brauchte dann nichts weiter zu tun, als teuren Strom billig zu produzieren, ihn zu staatlich sanktionierten Preisen an die Energiekonzerne zu verscherbeln und – nach Abzug der zu vernachlässigenden Betriebs- und Zinstilgungskosten – Monat für Monat einen hübschen Batzen Geld einzusacken.

Bauer Lindemann war sofort Feuer und Flamme für dieses windbetriebene Perpetuum mobile. Der Landkreis erteilte problemlos die Baugenehmigung, aber es fand sich ein Neider in Form einer missgünstigen Nachbarin namens Elfriede. Sie unterhielt auf ihrer an den Windacker angrenzenden Parzelle eine Weihnachtsbaumzucht. »Weihnachtsbäume werden im Winter geschlagen. An frostigen Tagen besteht die Gefahr, dass sich von den vereisten Windmühlenflügeln messerscharfe Eisstücke lösen und als todbringende Dolche durch die Lüfte fliegen. Ich könnte davon getroffen werden. Der Wind, der Wind, das himmlische Kind? Pustekuchen!«

Nach langem Für und Wider musste sich schließlich das Gericht mit dieser eiskalten Frage beschäftigen. Es kam zu der von einem wissenschaftlichen Gutachten untermauerten Erkenntnis, dass es bei Windkraftanlagen tatsächlich zu unkontrollierten Eisabwürfen kommen kann. »Die Gefahr, dass Eisstücke auf das Nachbargrundstück gelangen können, besteht jedenfalls dann, wenn – wie hier – die Abstandsflächen nicht eingehalten werden«, urteilte der Richter. Summa summarum darf Bauer Lindemann seine Windräder nicht aufstellen.

Anderenorts scheinen andere Regeln zu gelten, denn bei Fahrten durch deutsche Lande sieht man manchmal den Windpark vor lauter Windmühlen nicht mehr.

VON BESITZERN, MITBESITZERN
UND BESITZDIENERN

Luitpold und Giselle nannten in ländlicher Lage am Wiesengrund ein hübsches Häuschen mit großem Garten ihr eigen. Am Grundstück führte ein staubiger Sandweg vorbei, der sich regelmäßig im Herbst und im Frühjahr in einen unpassierbaren Sumpf zu verwandeln pflegte. Deswegen bekam das Ehepaar auch nur im Sommer und im Winter Besuch. Das änderte sich, als die Gemeinde eine Asphaltstraße anlegen, Bäume pflanzen und Laternen aufstellen ließ. Plötzlich hatte sich die Gegend in eine gute Wohnlage verwandelt.

Luitpold und Giselle erkannten sofort die Gunst der Stunde. Von Maurermeister Schorschi ließen sie sich direkt an der Straßenfront ein ebenerdiges Haus im Bungalow-Stil bauen, von der Größe her ideal für zwei Personen. Kaum stand die Anzeige in der Zeitung, schon meldeten sich die ersten Interessenten. Die Eheleute entschieden sich für Konrad, einen EDV-Ingenieur mittleren Altes. »Ich bin viel dienstlich unterwegs. Dieser Ort hier liegt sehr günstig am Scheitelpunkt der Nord- und Südroute. Das verkürzt meine Fahrzeiten erheblich, und ich bin schneller zurück bei meiner lieben Frau Petra, die am Computer Heimarbeit verrichtet«, erläuterte der gut gekleidete Geschäftsmann.

Luitpold und Giselle schlossen mit Konrad einen Mietvertrag, vierzehn Tage später wurde der Einzug gefeiert. Der EDV-Ingenieur zahlte pünktlich die Miete – dreimal, dann nimmermehr. Er wurde auch immer seltener im Wiesengrund gesehen. Aber seine Frau Petra verließ selten das Haus. Sie schien einen neuen Job übernommen zu haben: Weinverkosterin. An der Hinterfront des Bungalows stapelten sich Kartons mit leeren Flaschen.

Luitpold kündigte wegen der Zahlungsrückstände den Mietvertrag, reichte Räumungsklage ein und bestellte schließlich nach Jahr und Tag den Obergerichtsvollzieher Adalbrecht zur Zwangsräumung. Doch der gute Kuckuckskleber zog unverrichteter Dinge wieder ab. Er verweigerte die Durchführung des Auftrags, weil sich der Räumungstitel nur gegen Konrad richtete, und Petra nicht freiwillig zur Herausgabe der Wohnung bereit war.

Luitpold legte gegen diese Dienstverweigerung Rechtsbeschwerde ein, aber dies blieb erfolglos. Das Gericht fand heraus, dass der Obergerichtsvollzieher dazu berechtigt war, unverrichteter Dinge wieder abzuziehen: »Er hatte nur zu prüfen, ob sich die Räumungsverpflichtung nach dem vom Gläubiger beigebrachten Titel gegen die von ihm festgestellten Mitbesitzer der Wohnung richtete. Sind dort nicht sämtliche tatsächlichen Besitzer aufgeführt, ist ein Räumung unzulässig.« Ein Ehegatte sei nämlich automatisch Mitbesitzer an der ehelichen Wohnung, auch wenn er nicht im Mietvertrag als Vertragspartner genannt worden wäre.

Ähnliches gilt natürlich auch für etwaige Untermieter. Deshalb sollte sich ein Vermieter immer ganz genau darüber informieren, wer inzwischen alles in seiner Wohnung wohnt, ehe er den Räumungstitel beantragt. Nur die lieben Kleinen können nicht zum Problem werden. Minderjährige Kinder sind, so hat die Rechtsprechung herausgefunden, keine Mitbesitzer, sondern nur »Besitzdiener«. Deutsche Sprache, schöne Sprache.

Und das Beste an dem ganzen Deutschen Recht ist, dass es klar wie Kloßbrühe und piepeinfach zu verstehen ist.

ISBN 978-3-360-01993-6

© 2010 Verlag Das Neue Berlin, Berlin
Umschlaggestaltung: Buchgut, Berlin
unter Verwendung eines Motivs von fotolia/Alexander Zhiltsov
Druck und Bindung: CPI Moravia Books GmbH

Ein Verlagsverzeichnis schicken wir Ihnen gern:
Das Neue Berlin Verlagsgesellschaft mbH
Neue Grünstr. 18, 10179 Berlin
Tel. 01805/30 99 99
(0,14 €/Min., Mobil abweichend)

Die Bücher des Verlags Das Neue Berlin erscheinen
in der Eulenspiegel Verlagsgruppe.

www.das-neue-berlin.de